子どもを育てる魔法の言い換え辞典

MAKI ETO
江藤真規

はじめに

「いい親」ってどんな親だと思いますか？　子どもの年齢や性格によっても、「いい親」の定義は異なるかもしれません。では、「あなたの子どもにとってのいい親」ってどんな親ですか？　この問いに対し、「いい親とは、そのときの子どものステージに合った親子関係をつくれる親」「子どもとの程よい距離感を保てる親」、こんな答えが私のなかに浮かんできます。そしてその**親子関係に大きく関係しているのが、両者をつなぐ〝言葉〟**です。言葉を変えれば伝わり方が変わり、関係性が変わります。言葉には、宝物にも凶器にもなるエネルギーが含まれているのです。不思議なことに、言葉を変えれば自分自身の気持ちも変わります。

しかし**言葉とは、時に感情に任せて出てくるもの**です。とくに親子関係となると、なんでも言える間柄。子どもに対してイライラした感情をぶつけ、傷つけてしまうこともよくあります。こんな言葉は絶対に言わないようにしようと常々思っていても、感情的になったときについ出てしまった「言ってはいけない言葉」が引き金となり、あふれ出るように「イライラ言葉」を発してしまった経験のあるかたも多いのではないでしょうか。こんなことを言っている私はどうかしている、と思いながらも、自分自身を制御することができず、言ってしまった後には後悔のみが残ってしまう……。これが、きれいごとではないリアルな子育ての日常なのだと思います。

私には2人の娘がいます。もうすっかり大人となった今、思うことは、**「子育てとは自分育てである」**ということ。子どもを産んだばかりの頃の私は子育ての初心者。なにもわからず見よう見まねで子育てをはじめた当時の私を支配していたのは、焦りと不安でした。そのはけ口が子どもへの「早く、早く！」というイライラ言葉になっていたことを思い出します。その後、親として少しは成長するものの、受験や勉強など、子どもを取り巻く世界にはイライラの原因がつねにあり、「なんでこんなことができないの！」と引き続きイライラ言葉を連発していました。「つべこべ言わずやりなさい」、「まだできないの」、「いい加減にしなさい」、これらの言葉を私はどれだけ使ってきたことでしょう。

私もそうであったように、子育てにはイライラする場面はつきものです。むしろ**本気で取り組む子育てには、「イライラ言葉のない子育てなんてない」**と言っても過言ではありません。では、どうしたらいいのでしょうか。私は、イライラをなくすということではなく、**子どもに話しかける語彙《ごい》を増やす発想**がよいのではないかと考えます。イライラをおさえ、つねにニコニコする。そんなふうにムリにイライラしない親を演じても、それを持続することは難しく、根本的な解決にもなりません。ならばイライラしてしまう自分を認めつつ、子どもに対する新しいアプローチ法をとりあえず取りいれてみる、こんな発想が現実的な助けとなると考えます。

そこで必要なのが、**今まで使っていたネガティブな口グセをポジティブな表現に置き換えた「新しい言葉」**です。この本のなかでは、「イライラ言葉」に対し、「ポジティブ言葉」と呼んでいます。本書では、新しい言葉の習得のためにも、言葉の変換例を数多くご紹介しています。

子どもへの言葉かけは、考えてから言うというより、とくに感情的になっているときに反射的に出てしまうものです。そのためにも「ポジティブ言葉」は、音読して、口になじませてください。読みすすめていくうちに、「実際はこんな言葉使わないよね～」、「これ、かえって嫌味に聞こえない？」という言葉も、なかには見つかるかもしれません。決してすべてを取りいれて！　ということではなく、みなさんの家庭における親子関係や子どものタイプ、年齢に応じて、「使えるもの」「気にいった表現」を使ってみてもらえればと思います。

そして、**子育てには当然厳しさも必要**だということもつけ加えておきます。ダメなことはダメと伝える。間違っていることは正していく。時には恐怖心をあおったり、絶対的な権力を使うことも必要でしょう。ですから、「イライラ言葉を使ったらダメな親だ」なんて言いません。ただ、ご自身のためにも、シチュエーションに応じて、本書をうまく活用して、伝えたいメッセージが伝わるよう、言葉遣いに工夫を凝らしてもらえればと思います。本書が、**子どもにより伝わりやすい言葉を探すための1つのツール**となれば幸いです。

「親ってスゴイよね」。最近、娘がこんな話をしていました。1日3度の食事をつくり後片づけをする。合間に掃除をして洗濯をして、買い物に行く。子どもの勉強を見たり、習いごとをさせたり、お友だちと遊ばせる機会もつくったり、いっしょにお風呂に入り、寝る前には本を読んであげる……。自分が子どもの頃は当たり前だった日常に、敬意を払えるようになってきた娘の大きな成長をうれしく感じつつ、親であることは本当にスゴイことだと、私からも現在子育て中のみなさんに敬意をもったエールを送りたいと思います。

みなさんのよりよい子育てを、よりよい親子関係を、心より応援しています！

Contents

この本の見方

イライラ言葉のページをめくると…

変換されたポジティブ言葉のページが

ポジティブ言葉のページには解説が書かれています。解説を読むと、親のイライラ言葉がどんなふうに子どもを傷つけるかや、どうして子どもに伝わらないのか、その根本的な原因がわかるでしょう。さらに、自分のオリジナルのポジティブ言葉を考えられるなど、応用が利くようになります。

positive

chapter 1

イライラ言葉って なに？

iraira

こんなとき、イライラ言葉を使っていませんか？

「イライラ言葉」とは、その名のとおり「イライラしたときについ口に出してしまう言葉」です。とくになかなか自分の思うとおりにいかない子育てでは、さまざまな場面で子どもについイラッとして、イライラ言葉を使ってしまいます。これが「子育てのイライラ言葉」です。

子育てのイライラ言葉には、いくつか種類があります。

・**親が自分の気持ちをおさえられず、感情をストレートにぶつける言葉**（ex.「まったくもう！」「もうサイアク！」）

・**嫌味に聞こえる、一見やさしいけれど、キツイ言葉**（ex.「どうせ私のせいなんでしょ？」「あなたのためにやっているのよ！」）

・**有無を言わさずねじ伏せる、高圧的な言葉**（ex.「バカじゃないの！」「つべこべ言わない！」）

・**マイナスイメージを喚起し、怖がらせる言葉**（ex.「夜ふかししたら朝起きられないでしょ！」「騒ぐならもう連れてこないわよ！」）

イライラ言葉の多くは衝動的で感情的です。ご自身でも、イライラ言葉を言ってから「言いすぎたな……」と感じたこともあるのではないでしょうか。しかし、その瞬間は反省するものの、また同じような場面で同じようなイライラ言葉を使ってしまう。これもイライラ言葉の特徴です。

そもそもイライラ言葉を使ってしまうのは、親の愛情ゆえのこと。親はいつだって自分の子どもをだれよりも愛しているし、かわいいと思っています。だからこそ、「悪いところは直して、もっといい子になってほしい」と願い、子どもが失敗したり悪いことをしたりすると、その強い思いが「怒り」に似た感情に変わり、「イライラ言葉」という形になってしまうのです。

イライラ言葉を使う背景には、「親と子ども」という関係のなかで、「子どもに教えてあげられるのは親しかいない」「親なのだから子どもに有無を言わせない厳しい態度も大切だ」といった気持ちがあるからかもしれません。もちろんその気持ち自体は間違ったものではありません。しかし、伝え方ひとつで、せっかくの親の愛情が**子どものトラウマとなったり、自信を失わせたりする原因になる**など、マイナスに作用してしまう可能性があることも、無視できないのです。

ポジティブ言葉で、イライラは激減する！

イライラ言葉では、子どもは「親が怒っていること」はわかるものの、「親が**本当に言いたいこと**」は理解できない場合があります。たとえば、「いい加減にしなさい！」は、日常的によく使う言葉だと思いますが、親の言う「いい加減」がどんな状態をさすのか、子どもには理解できないことがよくあります。抽象的な表現だけでは、求められていることを想像できないのが子どもなのです。だから、親がいくら声を大にしてイライラ言葉を使っても子どもには伝わらず、それで余計にイライラして、さらなるイライラ言葉を重ねてしまう、なんてことになってしまうのです。

そんな悪循環を断ち切るにはどうしたらいいでしょう。イライラしている感情をおさえこむことはできません。そこで、イライラ言葉をポジティブ言葉に変換する、本書「**子どもを育てる 魔法の言い換え辞典**」が役に立つのです。

ポジティブ言葉とは「子どもの視点が前を向くような言葉」、具体的にいえば、「**子どもが次になにをやったらいいのかを考えさせる言葉**」のこと。先の例で言えば、「いい加減にしなさい！」と現状を叱って終わりにはせず、「そろそろ宿題はじめてみる？」や「片づけの時間だよ」など、次の行動を示してあげる言葉かけをすることです。なにをすべきかがわかれば、子どもはぐっと行動しやすくなるものです。

そして、最終的に目指したいのはもう一歩踏みこんで、子ども自身に次の行動を考える習慣を身につけさせること。たとえば、「この後はなにをするの？」「なにかやることあるんじゃない？」など。一時的に子どもの行動を改善するだけでは、毎回親からの注意が必要になってしまいますが、自ら考えることができる子どもになれば、親が言わなくても宿題をはじめたり、片づけてくれたりするようになるはずです。なぜなら、自発的な行動が、自然とやる気を引き出すからです。そのために、子どもが自信をもてるポジティブ言葉を使うようにしましょう。

ポジティブ言葉は、子どもの心を傷つけることなく、自己肯定感を上げるためにとても有効です。そして同時に、親のイライラを減らした環境を保てるものであり、イライラせず、ラクに子育てできるようになるための手段のひとつなのです。

イライラ言葉→ポジティブ言葉
変換のメリット

ポジティブ言葉は、
・子どもの視点が前に向くような言葉
・子どもが次になにをやったらいいかを考えられるようになる言葉

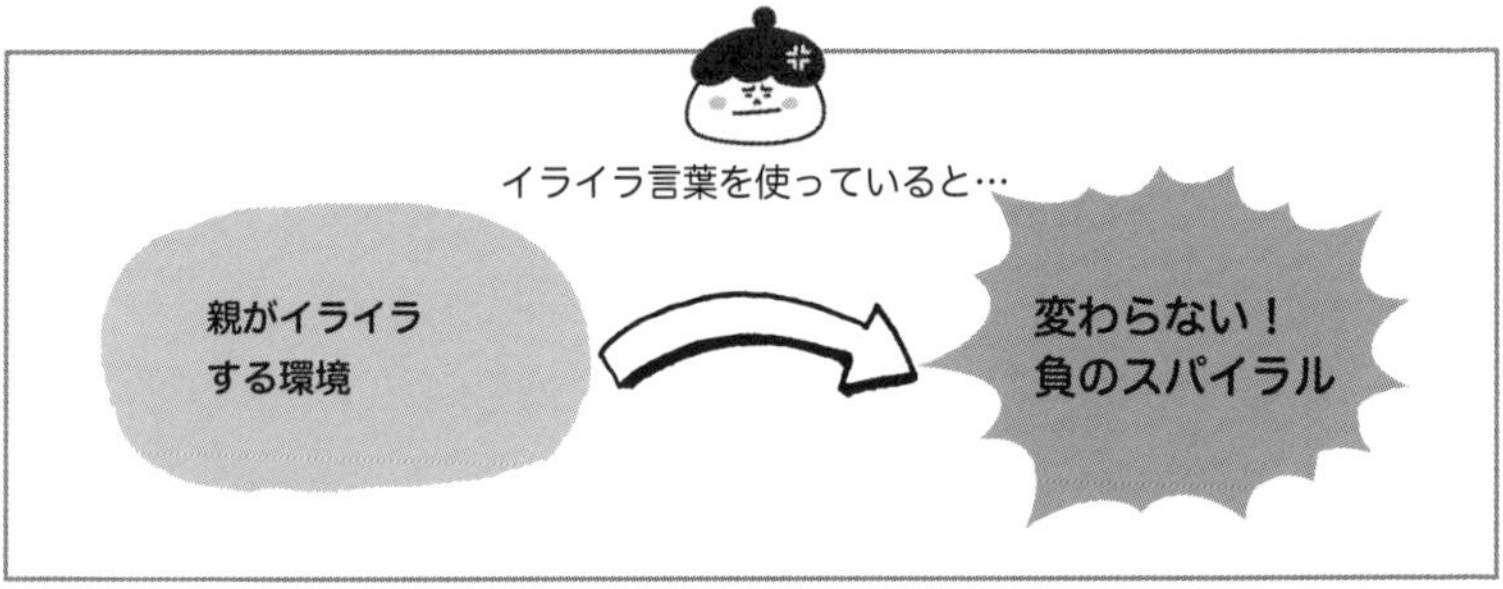
イライラ言葉を使っていると…
親がイライラ
する環境
変わらない！
負のスパイラル

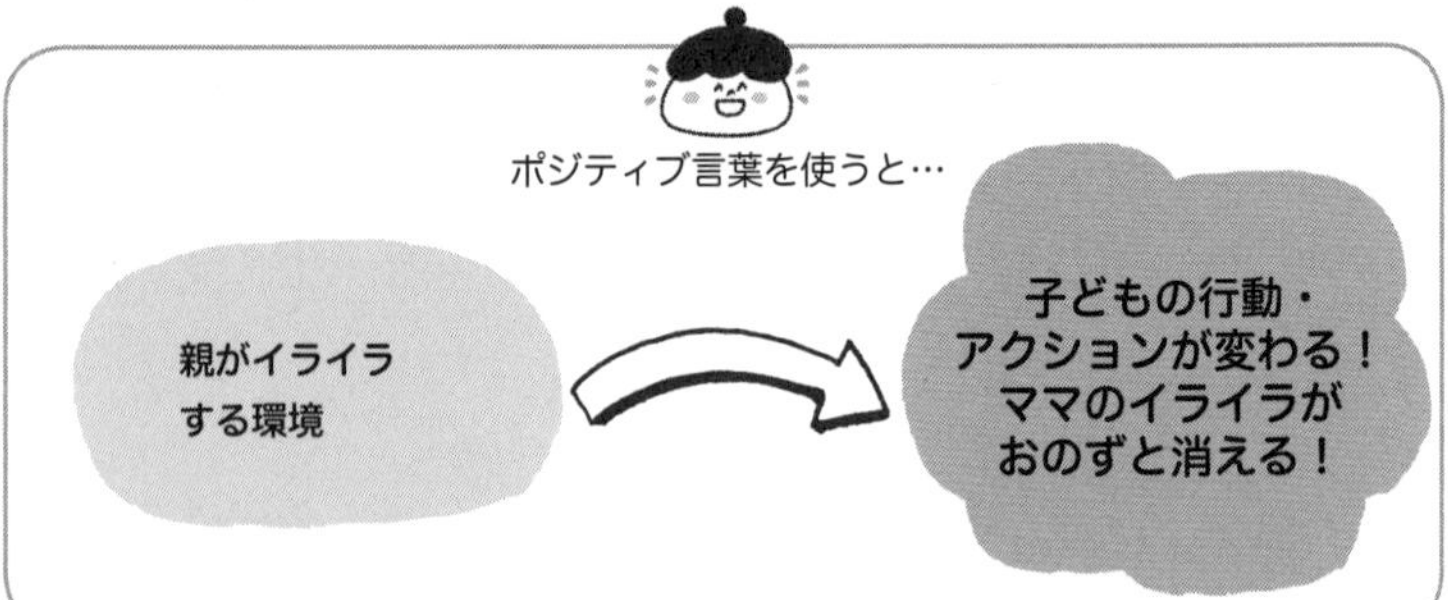
ポジティブ言葉を使うと…
親がイライラ
する環境
子どもの行動・
アクションが変わる！
ママのイライラが
おのずと消える！

イライラ言葉の言い換えで、
・傷つかないよう、子どもの心を守ることができ、
　自己肯定感が上げられる！
・イライラを減らした環境を保つことができ、
　子育てがラクになる！

言葉の変換は「トライ＆エラー」の気持ちで

とにかくまずは本書を参考に、イライラ言葉をポジティブ言葉に変換してみましょう。ポジティブ言葉を重ねるうちに、子どもの表情や態度が変わってきます。そうすると、ご自身も気持ちがおだやかになり、子どもとのコミュニケーションがとりやすくなるなど、「プラスの変化」を感じることでしょう。

ただし、子どもの性格や言葉の感受性はさまざまですので、使ったポジティブ言葉が機能しないこともあるかもしれません。もし子どもに「響いていないな」と感じたら、声のトーンやテンポなどの言い方を変えてみたり、ちがうポジティブ言葉を使ってみたりしてください。オリジナルでポジティブ言葉をつくるのもとてもいいことです。「トライ＆エラー」を繰り返して、わが子の心に響くポジティブ言葉を探していきましょう。**子育てには焦りは禁物、すぐに結果を求めない姿勢も大切**ですよ。

イライラ言葉を変換するときのルール

①「できない」「ダメだ」といった否定ではなく、「きっとできるね」「大丈夫だよ」といった子どもの自己肯定感が上がるような言葉を選ぶ。

（ex.「あなたにはムリ！」→「あなたならできるよ！」）

②「ちゃんと」や「きちんと」「いい加減」などの抽象的な言葉ではなく、具体的にどうしてほしいのかを伝える。

（ex.「いい加減にしなさい！」→「食事の時間だから片づけてほしいな」）

③「やらない（できない）とこんなことになる」といったマイナスイメージの「脅し」はせず、明るい未来を想像させる、ポジティブな言葉を選ぶ。

（ex.「早く寝ないと朝、起きられないよ」→「朝ごはん、いっしょに食べよう」）

④できれば、子ども自身が「次はどうしたらいいか」を考えられるような言葉を使う。

（ex.「あなたが悪いんでしょ！」→「どうしたらいいかな？」）

column

1

感情語と論理語のちがい
（論理エンジン開発者・教育プロデューサー　出口汪《ひろし》）

言葉には大きく分けて、感情語と論理語とがあります。犬や猫でもじつは言葉をもっています。甘えたり、威嚇したり、餌をねだったりと、感情や意思を声に出して表現するのですが、その際のワンとかニャンが感情語といっていいでしょう。赤ちゃんが泣くのもじつは感情語で、犬や猫が鳴くのとなんら変わりがありません。

感情語は先天的なもので、他者意識をもっていません。赤ちゃんも泣けばだれかが自分の不満を察して、解消してくれると思っているのです。だから、だれもなにもしてくれなかったなら、赤ちゃんはむずかるか泣き寝入りをするしかありません。

それに対して、論理語は後天的で、学習・訓練によって習得すべきものなのです。私たちは混沌たる外界の情報に対して、空と海、男と女、好きと嫌い、おいしいとまずいなど、言葉で整理をし、その上でものを考えたり、感じたりします。そのときの言葉が論理語です。犬や猫は感情語をもっていても、外界の情報を言葉で整理することはできません。

じつは、大人も感情語を使っている場合が多いのです。「ムカつく」「ウザい」「ヤバい」「ビミョウ」など、これらは赤ちゃんが泣くのと同じで、だれかが自分の不満を察して解消してくれると思いこんでいるのです。だれもなにもしてくれないと、突然キレるか引きこもるしかありません。親が感情語でしゃべっていると、子どもも次第に感情語しか使えなくなってしまうから怖いのです。

positive

chapter 2

魔法の
言い換え辞典

iraira

魔法の
言い換え辞典

トップ20

子育ては、思いどおりにいくものではありません。

いくらかわいいわが子といえど、

親が子どもを怒りたくなることは山ほどあるでしょう。

ペースを乱されたり、わがままを言われたり、

信じられない失敗をされたり……

そんなとき、どんな言葉で子どもを叱っていますか？

もしかしたら、子どもに対するイライラ言葉がログセになっている

親御さんもいらっしゃるのではないでしょうか？

ここでは、頻繁に使われている

イライラ言葉トップ20をご紹介します。

あるある！　と共感したら、変換されたポジティブ言葉を読んで、

ふだんの生活に取りいれてもらえればと思います。

イライラことば

1

iraira

あなたが悪いんでしょ!

ほかには…

・自分のせいでしょう!
・だれが悪いと思ってるの!?

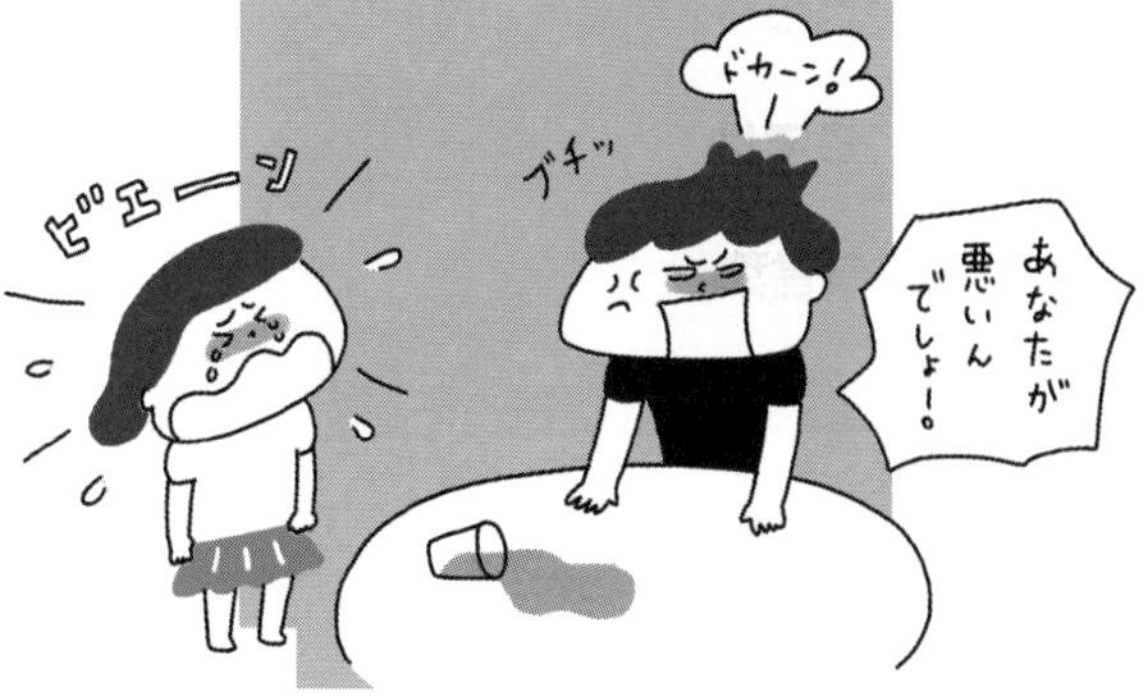

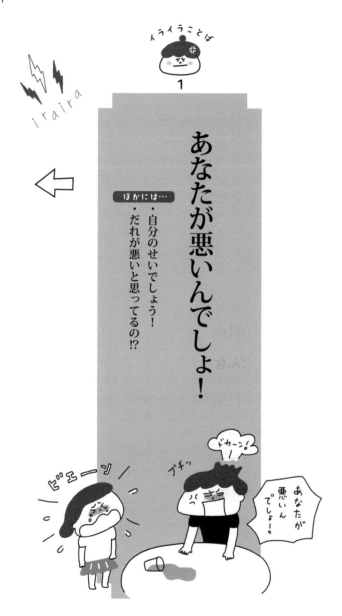

ポジティブことば

1

positive

どうしたらいいかな？

思うようにならなくて駄々をこねてくる子どもに、親がイラッとしてしまうときに出てくる言葉です。このときの子どもは、だれが悪いのかを聞きたいのではなく、自分の気持ちを聞いてほしかったり、具体的にどうしたらいいか教えてほしかったりするだけ。話を聞いて、いっしょに解決策を考えてあげるといいですよ。

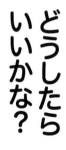

イライラことば

2

iraira

つべこべ言わない！

ほかには…

・口ごたえしない！
・言うとおりにしなさい！

ポジティブことば 2

positive

あなたはそう思うのね

言い訳に聞こえたり、親に反発するヘリクツに聞こえたりすることも、子どもの立派な意見ととらえてみましょう。そもそも親の意見に合わせてほしいと願うのは親のエゴ。「あなたの意見はわかったわ。でも私はこう思う」といったん認めつつディスカッションすれば、子どもの考える力がぐんぐん伸びますよ。

イライラことば

3

iraira

うるさい！

ほかには…

・静かになさい！
・黙って！

ポジティブことば 3

positive

ちょっと聞いてくれる？

ほかには…

・ちょっといいかな？

子どものおしゃべりは、表現力や主張する力の成長過程ととらえてみましょう。「うるさい！」は「しゃべっちゃダメ」というメッセージとして伝わり、その力を奪ってしまう可能性があります。親が話しているのに子どもがしゃべり続けるような場合には、おだやかに話を聞いてほしいことを伝えるのがベストですよ。

だれのためにやっていると思っているの!?

ほかには…

・あなたのためにやっているんでしょ！

ポジティブことば
4

positive

私に
なにしてほしい？

子育てをがんばる親御さんほど、愛情ゆえに世話を焼きすぎてしまうもの。けれども、子どもからすると「頼んでもいないことを親が勝手にやって、勝手に怒っている」状況で、恩着せがましい言葉をかけられては不愉快になるだけ。一度立ち止まって、子どもが本当にしてもらいたいことはなにかを考えてみましょう。

イライラことば

5

まったくもう！

ほかには…

・なにやってんの！
・どういうつもり!?

ころんじゃったー！
おばけ〜
まったく もうっ!!
ブルブル

ポジティブことば 5

positive

気をつけてね

大人には感情的になると、とっさに「子どもを一撃でギャフンと言わせよう」という意識が働いてしまうことがありますが、親が本当に伝えたいのは、「ちゃんと注意してね」という気持ちのはず。親の真意と、子どもに伝わるメッセージにズレが生じないよう、本当のメッセージはなにかをよく考えて伝えることが大切ですね。

イライラことば
6

何度言ったらわかるの！

ほかには…
・いつもそうなんだから！
・どうしていつもそうなるの！

positive

ポジティブことば

6

3回言ったよ。次はできるかな？

子どもが約束を破ったときに言いがちな言葉ですが、「何度」や「いつも」といったフレーズは要注意。実際は「数回」のことを「いつも」と言っていませんか？「いつも」と決めつけられると、子ども自身が自分はいつも失敗するダメな人間と感じてしまうかも。回数を水増しせず、前向きに次回の目標を立ててあげましょう。

イライラことば

7

もうサイアク！

ほかには…

・もうサイテイ！
・もうダメだね

ポジティブことば

7

positive

困っちゃったね

ほかには…

・今回はうまくいかなかったね
・残念だったね

なにか大きな失敗をしてしまったときは、親以上に子ども自身が、サイアクな状況に落ちこんでいるものです。そこに追い討ちをかけても子どもを傷つけるだけ。そんなときに、親が気持ちをわかって共感してくれると、子どもは安心し、きっと「次はうまくやろう」と前向きな気持ちになることができるでしょう。

イライラことば 8

いい加減にしなさい！

ほかには…

・何度言わせるの!?

ポジティブことば 8

positive

そろそろお部屋の片づけをしてほしいな

大人に理解できるニュアンスを、子どもも理解できるとはかぎりません。「いい加減」という言葉がまさにそれで、子どもは怒られていることはわかっても、具体的になにを求められているかまではわからないもの。親も感情で話すのではなく、自分がなにを怒っているのか、冷静に頭の整理をして伝えることが大切です。

イライラことば

9

もうガッカリだわ……

ほかには…

・どうしようもないわね

iraira

ポジティブことば

9

positive

さて、どうしようか？

ほかには…

・よし、気持ちを切りかえよう！

子どもにとって、親は世界一大好きで大切な存在。そんな親を、自分のせいで悲しませてしまうことがあれば、子どもはひどく責任を感じます。困ったときは前進と成長のチャンスと思って、どうしたらいいかを考えるように仕切り直してみましょう。前向きな切りかえの言葉は、親御さん自身にも有効ですよ。

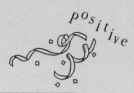

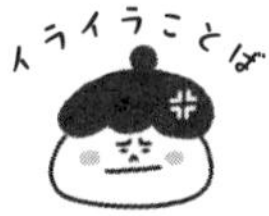

10

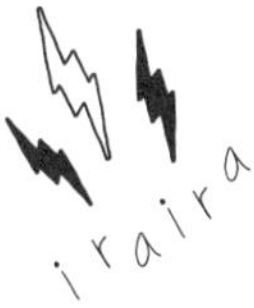

恥ずかしい！

ほかには…

・みっともない！
・見てられない！

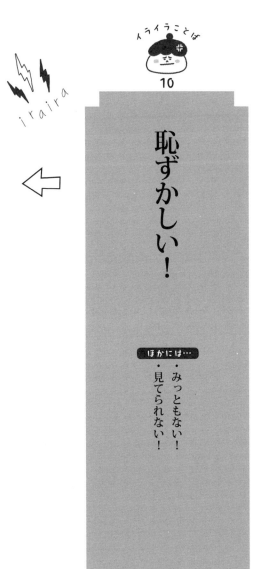

ポジティブことば

10

positive

次はきっと大丈夫だよ

ほかには…

・今度はどうしようか？
・ドンマイ！

「あなたを恥ずかしく思う」という意味に聞こえてしまい、人格を全否定されたと感じさせ、自信を奪ってしまう言葉かけです。恥ずかしいのは子どもの「行為」であって、子ども自身ではないはず。そこはしっかり区別して、過ぎた行為に固執せず、次の手立てをいっしょに考えて、子どもの自信を回復させましょう。

イライラことば

11

iraira

みんなできてるでしょ！

ほかには…

・○○ちゃんはできるのに……
・○○くんがうらやましいわ

○○ちゃんは○○しているみたいだね

ほかの子どもとの比較は、「私よりもほかの子たちが好きなのかな？」「大好きな親に嫌われた」と感じさせ、子どもの自信を奪う原因に。ハッパをかける目的なら、良い悪いの感情はこめず、あくまでも事実のみを伝え、子ども自身が自発的に考えたり、行動を起こしたりするきっかけとなるようにしましょう。

イライラことば

12

信じられない！

ほかには…
・ウソでしょ！
・ありえない！

iraira

ポジティブことば 12

positive

びっくりしちゃった！

ほかには…

・（びっくりした口調で）そうだったんだ！

子どもがとんでもない失敗をしたとき、この言葉を使ってしまいませんか？ 子どもにとっては、人格を否定されたと感じるくらいのインパクトがある言葉で、心の底からさみしさを感じてしまうかも。怒りやショックはおさえ、すごくびっくりしたことを強調するにとどめて、見放すようなニュアンスは避けるようにしましょう。

13

もう知らない！

ほかには…

・勝手にしなさい！
・私には関係ないわ

私、怒っているよ

ほかには…

・それは賛成できないなぁ

「信じられない！」と同様、とても突き放す言葉です。こう言ったとたん、せっかくの子どもとの会話を、親のほうから一方的に切ってしまうことになります。「怒ってる」「悲しい」「うれしい」など、子どもに親の感情を伝えるのは有効です。さらに、なぜ怒っているのか、その理由まできちんと伝えられるといいですね。

イライラことば

14

早くしなさい！

ほかには…

・早く寝なさい
・早く食べなさい
・早く片づけなさい
・早く！　早く！

ポジティブことば 14

positive

時計の針が「6」になったら出かけるよ

早くしなさいと言われて急げる子どもはまずいません。子どもは大人ほど時間感覚が育っていないので、親が教えてあげる必要があります。つねにこの先やるべきことを考えている大人に対し、子どもは「今」という世界に没頭して生きているからです。急がせるという発想ではなく、時間になったことを伝える気持ちで声をかけてみましょう。

長い針がいちばん上にいくまでに出かけるよ！

イライラことば
15

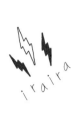

iraira

遅い！

ほかには…

・ぐずぐずしない！
・間に合わないよ!?

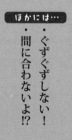

positive

○時までに○○できるかな？

ほかには…

・ヨーイ、スタート！

子どもは残された時間がどのくらいか、逆算して考えることはできません。具体的に、目標達成までの残り時間はどのくらいで、それまでにやるべきことはなにかを伝えてあげないと、動けないのです。子どもは競争が好きなので、「私とどっちが支度が早いか競争ね！」などと言って、ゲームにしてしまうのもオススメですよ。

イライラことば

16

iraira

反省しなさい！

ほかには…

・謝りなさい！
・悪いのはだれ!?

ポジティブことば

16

positive

静かに考えてみようか

ほかには…
・いっしょに話そうか
・やったことを思い出してみて

「反省＝静かに考えること」です。だったら「静かに考えてみようか」と言うほうが肯定的に聞こえませんか？「反省しなさい！」には、「悪かったと認め、親に謝る」までを強要するような、否定的な響きがあります。大事なのは謝罪の言葉ではなく、子どもが自分で考え、同じ過ちを起こさないようになることですよね。

イライラことば

17

あなたにはムリ！

ほかには…

・どうせできないんだから！
・まだムリよ！

まず○○からやってみようね

まだまっさらな子どもの世界に、ムリなことなどありません。だから、子どもがなにかに挑戦しようとしたとき、親がムリと決めつけてはいけないのです。ただ、目標が高すぎて一気に達成するのは難しいこともあります。その場合は、小さな目標に分解し実現できそうなことから提案してあげて。小さな積み重ねが大きな成果につながります。

イライラことば

18

iraira

許さないからね！

ほかには…

・お父さん（お母さん）に言いつけるからね

・問答無用！

ポジティブことば

18

positive

私は反対よ。
それはね……

子どもの行為に親が「許す」「許さない」という価値観を押しつけ続けると、子どもは自分で事の善悪を考えることをやめ、なんでも「親が許してくれるかどうか」を判断基準にしてしまうことも。反対するだけで終わらせず、その理由をきちんと説明することで、子ども自身が善悪を考えられるようになりますよ。

イライラことば

19

iraira

あきれちゃう！

ほかには…

・情けない！
・なにやってんの⁉

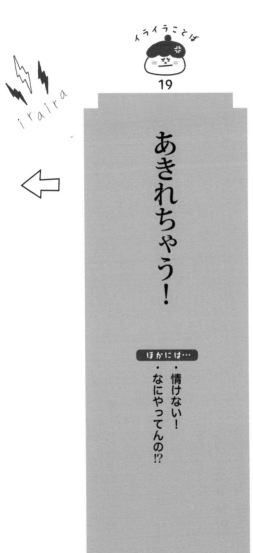

もう一度やってみる？

ほかには…

・あと少しで成功するよ

失敗したときにこんなことを言われたら、大人だって「もう二度とやるもんか！」と思ってしまいますよね。大人がイヤなことは子どもだってイヤなのです。なんでも1回で成功することなんて少ないのですから、気持ちを萎《な》えさせるより、もう一度挑戦する気持ちになる言葉かけをするほうが子どもの成長につながりますよ。

20

やる気はあるの!?

ほかには…

・やる気ないんでしょ!?
・なに考えてるの!?

今、やる気は何%出ている？

「出せ！」と言われてやる気を出せる子どもはまずいません。そもそもやる気というのは、「できる！」という自信がないと出てこないもの。「今のやる気は何%？」と現時点でのがんばりを認めつつ、自分のやる気を「客観視」させるといいでしょう。子どもの答えが100%に満たない場合は、どうしたら100%になるか、子ども自身に考えさせてみて。

column 2

イライラ言葉には「枕詞《まくらことば》」がつきもの

イライラ言葉を聞いていると、ある特定の「枕詞」がついていることに気づきます。たとえば、「寝るのが遅いよ」と伝えるのにも「まったく、寝るのが遅いよ」と言葉のはじめに「まったく」をつけるだけで、とたんに不機嫌な気持ちが上乗せされたイライラ言葉になることに気がつきませんか？　ほかにも、「宿題やってないね→やっぱり宿題やってないね」、「片づけてよ→いい加減片づけてよ」、「がんばってる？→ほんとにがんばってる？」など。本来ならおだやかに伝えられることも、「枕詞」をつけるだけで、怒りの感情が入った攻撃的なイライラ言葉になってしまいます。

以下に、一瞬にしてイライラ言葉に変換させられてしまう「枕詞」の例を挙げました。これらは言いたいことを強調したり、表現を補ったりする言葉として、ふだんの会話でも使うものです。

子どもと話すとき、とくになにかを指示したり教えたりするときに、これらの枕詞がログセとなり、負の感情を伝えすぎていないか、振り返ってみることも大切です。

枕詞の例

また／いつも／だから／どうせ／やっぱり／ほんとに

まったく／どうして／もう／いつまで／ちゃんと

なんで／早く／いい加減に

魔法の
言い換え辞典

性格編

とかく、親が忘れがちなのは

子どもは別の人格をもった個人であるということ。

親の性格と子どもの性格は必ずしも同じではありません。

テキパキした性格の親は、

子どもがのんびりしているとイライラしてしまうかもしれません。

ハキハキとしゃべる親は、

言いたいことをぐっと我慢してしまう子どもを理解できないかも。

大切なのは、どんな個性も「生まれもった宝物」だと考える姿勢。

親がネガティブに感じてしまう子どもの性格も、

ポジティブにとらえなおすことができる方法をご紹介します。

イライラことば

1

そこがあなたの悪いところなのよ！

ほかには…

・そこを直さないとね

そこがあなたの悪いところなのよ
カモーーン
モジモジ

いっしょに〇〇してみようか？

子どもの性格の短所は、親にはとても気になるものです。しかし、短所を指摘されるだけでは子どもはよくなりません。なにをどう変えればいいのかわからないからです。親は、子どもの気持ちが自然と変わっていくように行動をサポートしてあげましょう。親がいっしょなら、子どももチャレンジする勇気が湧いてくるはずです。

イライラことば

2

iraira

小さい頃から ずっとそうだよね

ほかには…

・困った性格だね
・あなたって、いつもそうだね

ポジティブことば 2

positive

それ、あなたの個性だよね

ほかには…

・あなたらしいね

いいことを指して言うなら問題ないですが、悪い意味で使えば子どもの性格を否定するNG言葉に。親にとっては気に入らない性格でも、「もって生まれたものだから変えられない」と割り切り、「宝物の個性」と思える言葉でとらえ方を変換させましょう。具体的な性格のとらえ方の変換は89ページを参照してみてください。

イライラことば

3

どうしてそんなに暗いの……

ほかには…

・もっと明るくしたら？

静かにじっくり考えているんだね

ほかには…

・周りの人の気持ちがわかるんだね

もっとよくなって（この場合は明るくなって）ほしいから、つい子どもの性格を否定し改善させようとしてしまいがちですが、親の言葉かけ次第で、子どもの個性は劣等感にも優越感にもなりえます。親がマイナスに感じていることにも、必ずポジティブに変換できる側面が。どんな性格もギフトと思える発想をもって接してみてください。

だらしないわね

ほかには…

・出したら出しっぱなし！
・きちんとしなさい！

ポジティブことば 4

positive

やりたいことがたくさんあるんだね。まず○○からはじめてみようか

ほかには…

・楽しかったね。
じゃあ、お片づけにしようか

片づけをしなかったり、服の着方がルーズだったりする場合などに言いがちな言葉です。「だらしない」原因のひとつとして挙げられるのが「注意散漫さ」。それを「やりたいことがたくさんある」と変換し、まずは子どもの気持ちを受け止めてあげましょう。その上で、なにを優先的にすすめればいいのか示してあげる言葉かけをしましょう。

イライラことば 5

ほんと乱暴だよね……

ほかには…

・乱暴しちゃダメでしょ！

ポジティブことば 5

positive

力強いところ、どうやって役立てていこうか

大人が使った言葉は〝ラベル〟となり、「自分は乱暴な人間なんだ」と子どもにあやまった認識をさせてしまいます。「乱暴」を「力強い」に言い換えれば、「この強味をどう役立てていこうかな」といったポジティブな発想に転換することができます。親から子どもへの、性格の定義づけは、とにかく慎重にしましょう！

イライラことば

6

さっさと決めてよ！

ほかには…

・まだ決められないの⁉

ポジティブことば 6

positive

あと何分で決める？

ほかには…

・どっちが先に決められるか競争しよう！

・AとB、どっちがいい？

「決められない」というのも、ひとつの個性。決められない子どもにすぐに決めろと言ってもムリな話でしょう。感情的にならずに「決めやすくなるサポート」を。選択肢をしぼってあげることも有効です。子どもが決めたら「決められたね」と自己肯定感を上げる言葉かけも忘れずに。ただし、あくまでも個性なので、良い悪いの評価は避けて。

イライラことば

7

ほんとかわいくないんだから！

ほかには…

・かわいげないことばかり言うんじゃないの！

ポジティブことば 7

positive

しっかりしているよね！

ほかには…
・自分の意見をもっているんだね
・そう考えたんだね

この場合の「かわいい」ってなんでしょう？　もし親が、子どもが自分の思うような言動をしないと「この子はかわいくない」と思うのなら、それは都合のいい解釈かもしれません。子どもと親はまったくちがう人格をもち、子どもも自分なりにいろいろ考えていることを理解して。むしろ、自分を表現できることは素晴らしい才能ですよ。

イライラことば

8

iraira

ほら、最後まで聞いてない！

ほかには…

・人の言うこと聞いてないんだから！

ポジティブことば 8

positive

私が言ったこと、3つにまとめてくれる？

「最後まで話を聞かない」をポジティブに変換すれば「好奇心旺盛」となりますが、状況によってはポジティブに変換するだけでは問題が解決しないこともあるので要注意。話を聞いてほしいなら、一歩すすめて「私はなんて言ったかな？」というゲーム感覚のやりとりにしてみましょう。子どもも話を聞こうと意識するようになります。

イライラことば

9

iraira

言いたいことがあるなら、ちゃんと言いなさい！

ほかには…

・はっきり言いなさい！
・お口があるでしょ!?

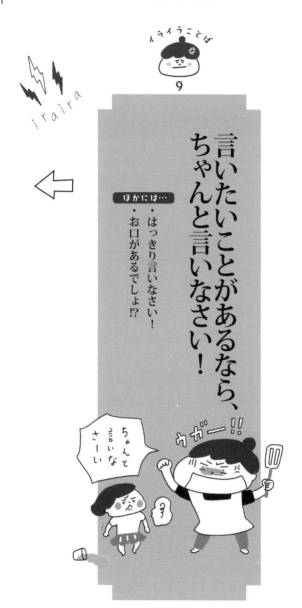

じゃあ、話したいことひとつだけ教えて？

子どもの表現力の成長度合いはそれぞれです。性格や個性によってもその成長曲線のカーブのしかたは異なるもの。言いたいことがあっても、モヤモヤしてまとまらないのかもしれません。そんなときは「ひとつだけ」と数字を与えてあげるだけで、子どもは途端に答えやすくなるものです。話しはじめたら口をはさまずに聞いてあげましょう。

話したいこと
ひとつだけ
教えて
あのね…!
ママと遊びた
かったの

イライラことば

10

iraira

どうして黙っているの！

ほかには…

・黙っていてもわからないでしょ！

positive

私がわかるように伝えてくれる？

ほかには…

・私、知りたいな

子どもには、「話したら親に怒られる（悲しませる）」と思って、押し黙ってしまうことがあります。こんなとき、話すように強要してはいけません。大切なのは、「言いたいことを言っていいんだ」と思える環境づくり。上記のイライラ言葉の言い換えはもちろん、日常的に子どもの話を関心をもって聞く姿勢を見せることも大事ですよ。

イライラことば
11

iraira

ダラダラしてるんじゃない！

ほかには…

・モタモタしてたら終わらないよ！

positive

ポジティブことば

11

慎重に取り組んでいるね。何時までに終われば大丈夫？

ほかには…

・楽しくやってるね。あと○分くらいやる？

なにかに取り組むペースは子どもによってちがいます。そのペースが親のペースと異なると、イライラ気分になりがちですが、その子なりのペース感覚を大切にしてあげることが重要です。ゆっくりタイプの子は目先のことにとらわれず、広い視野で周りの状況をよく見ていたりするもの。結果を早く出すことだけがすべてではありません。

イライラことば 12

iraira

最後までちゃんとやりなさい！

ほかには…

・集中して！

ポジティブことば

12

今、何%すすんでいる？

ほかには…

・何%の力を出しているかな？

集中力の長さは個人によって異なります。すぐにあきるタイプの子どもには、最後まで力を出せるような言葉かけを。「今、〇〇までできたね」もいいでしょう。山登りでも「7合目までできたぞ」と今の地点を意識することで「あと少しがんばろう」と思えるもの。たまには「最後までできたらおやつにしようか」とご褒美を用意するのもいいですね。

イライラことば

13

iraira

ぼーっとしてる場合じゃないでしょう!

ほかには…

・ボヤッとしてたら間に合わないよ!

ポジティブことば 13

positive

今日はあと、なにをすればいいんだっけ？

感情的に怒っても、子どもはどうしたらいいのかわかりません。ゆっくりタイプの子どもには「やるべきこと」を気づかせる「うながしの言葉かけ」が必要です。「今はなにをすればいい時間かな？」もいいですね。もし、もうやるべきことが終わっているなら、その手際のよさをほめて。欲ばってさらなるノルマを課さないように注意しましょう。

column

3

ネガティブな性格をポジティブに！

「人の性格は変わらない」と思っていませんか？　たしかにもって生まれた性格を変えるのは難しいこと。でも、その性格を「どう解釈するか」は、いくらでも変えられます。親が「短所」ととらえがちな子どもの性格の例と、見方を変えた表現を下に挙げました。ポジティブな見方に変えれば、イライラも軽減されるでしょう。

ネガティブ→ポジティブ変換例

もじもじしている→考えるのが得意
神経質→感性が豊か
強情→意志が強い
おおざっぱ→大物
集中力が足りない→新しいことをやりたい
やることが遅い→ていねい
しつこい→粘り強い
ビビリ→慎重
落ち着きがない→活動的
泣き虫→感情豊か
引っこみ思案→やさしい／人の気持ちがわかる
わがまま→自分の意思をもっている

魔法の
言い換え辞典

しつけ編

子どもの「しつけ」は子育てにおいてとても重要なこと。

親がしつけを放棄すれば、社会に出てから

他者と交わることができない子になりかねません。

しつけには、時には厳しさも必要です。

ただし、イライラ言葉で命令するだけでは、

怒られたらとりあえず親の機嫌をとる、言い換えれば、

怒られなければいいと思う子どもになってしまうことも。

子ども自身になにがいけないのかを考えさせる言葉かけをすれば、

自らものの善し悪しを判断し、

どんなシチュエーションにも対応できる子どもに育ちます。

イライラことば

1

iraira

どうして先にやっておかなかったの⁉

ほかには…

・なんで言われたとおりにしなかったの⁉

ポジティブことば 1

positive

次はどこに気をつけていこうか？

過去のことを否定的に質問しても、「だって……」という言い訳しか出てこないでしょう。言い訳に使うエネルギーほどムダなものはありません。大事なのは子どもの意識を過去ではなく、未来に向けてあげること。次回からどう気をつけたらいいのかを考えさせ、少しずつでもステップアップできるようにしてあげましょう。

2

また忘れ物したの⁉

ほかには…

・忘れ物ばっかりして！

ポジティブことば 2

positive

学校ではどうしていたの？

ほかには…

・忘れ物をなくすためには、どうしたらいいかな？

「また忘れ物したの!?」と怒ると、「忘れ物=親に叱られること」という印象ばかりが強く残ります。しかし、友だちに借りて迷惑をかけたとか、課題ができなくて恥ずかしかったなど、自分自身が困った経験を思い出させるほうが、再発防止にはずっと効果的。子どもが自ら「気をつけよう」と気づくような言葉かけをしましょう。

イライラことば

3

iraira

なんでウソつくの！

ほかには…

・ウソついたらダメでしょ!?

・ウソつきはドロボウのはじまりなんだよ！

ポジティブことば 3

positive

それは本当のことかな？

ほかには…

・私、ゆっくり聞くね

ウソには、悪意のウソと、本当のことを言えなくてついてしまうウソがあります。容易に「ウソつき」のレッテルを貼らないで、「本当のことかな？」とやさしく問いかけてあげましょう。その場では本当のことを言えなくても、時間や場所を変えれば、自分から話してくることも。自発的に本当のことを言える環境を整えることが大切ですよ。

イライラことば
4

iraira

なんでまっすぐ帰ってこないの⁉

ほかには…

・なんでこんなに遅いの⁉

帰り道、なにがあったのかな？

ほかには…

・帰り道のこと、教えてくれる？

親が怒った調子で追及すると、子どもは真実を伝えるのをためらうことがあります。もし、なにか困ったことがあったり、危険な目にあったりしていても、「怒られるかも」という思いから、口をつぐんでしまうことも。親が子どもの行動を上手に聞き出してあげることは、安全面からもとても重要なことですね。

イライラことば 5

iraira

いつまでテレビ見ているの!?

ほかには…

・テレビはもう消しなさい！

ポジティブことば 5

positive

テレビ時間はあと何分にする?

子どもには少しずつ自分で時間管理ができるようになってほしいもの。そのために日常のいろんなスケジュールに「〇〇時間」と名前をつけてみましょう。「テレビ時間」「宿題時間」「お風呂時間」とネーミングできれば、時間割の感覚で、子どもが主体的に時間管理できるようになり、次第に時間に振り回されない子どもになるはずです。

6

夕べ遅くまで起きてるからよ！

ほかには…

・寝坊ばっかりして！

ポジティブことば 6

positive

睡眠時間はどのくらい必要かな？

ほかには…

・朝、気持ちよく起きるにはどうしたらいい？

子どもは結果からさかのぼって、その原因をイメージすることがまだ得意ではありません。寝坊したり、寝不足で失敗ばかりしてしまったとき、まずは睡眠が足りなかったからかもしれないことを自覚させましょう。その上で、子ども自身が「睡眠時間をしっかりとろう」という気持ちになる言葉かけをすることが大切です。

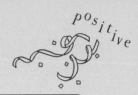

イライラことば

7

iraira

夜ふかししたら朝、起きられないでしょ！

ほかには…

・早く寝ないから、朝起きられないのよ！

positive

ポジティブことば
7

朝ごはん、いっしょに食べようね

ほかには…
・朝ごはんのメニュー、考えてくれる？

否定的な言葉かけは「脅し」ともいえます。脅しには、即効性はあっても持続性はありません。それより楽しい未来をイメージさせて、早く寝られるようにさせたほうがずっと効果的。「朝ごはんいっしょにつくろうか」「朝、お散歩（キャッチボール）しよう」などと提案してあげれば、子どもはポジティブな気持ちで寝られるようになりますよ。

イライラことば

8

iraira

人の話を全然聞かないんだから！

ほかには…

・ほら、また聞いてない！

ポジティブことば

8

positive

今から大事なことを言うからね

ほかには…

・お耳はこっちね

子どもが親の話を聞かないのは、それよりもやりたいことがあるからではないでしょうか？　大人に対してだって、相手が聞く姿勢でないときにしゃべっても意味がありませんよね？　子どもが話を聞くための場を整えるような言葉かけをするほうがずっと効果的。話しはじめる前に、上手に注意喚起するといいでしょう。

イライラことば

9

そんなことしたら危ないでしょ！

ほかには…

・そんなことしたらケガするわよ！

ポジティブことば

9

positive

気をつけてやりなさいね

子どもに「危ない未来」ばかり言いすぎると、子どもはなにをするにも怖気づくようになる可能性も。なにもかもを危険とするのではなく、どうしたら危なくないかを考えさせるような言葉かけをしましょう。子どもが自分から「このやり方は危ないから気をつけよう」と思えるようになることが大切ですよ。

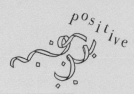

はい、気をつけてやろうね

ハサミを振り回しちゃいけないんだ

イライラことば

10

iraira

ケンカばかりして！

ほかには…

・ケンカはダメって言ったでしょ！
・ケンカするんじゃない！

ポジティブことば

10

positive

（ケンカした話を聞いてから）なるほどね

ほかには…

・本当はなにを伝えたかったの？

ケンカの理由も聞かずに怒るのは考えもの。子どもには子どもなりのケンカの理由があるはずです。口をはさまずに最後まで話を聞き、「なるほどね」とまずは承認してあげれば子どもは安心するでしょう。それなりの理由があった場合は、「でも、ケンカじゃない方法はあったよね」と尋ね、子ども自身に考えさせるといいですよ。

イライラことば

11

どうして「ごめんなさい」が言えないの！

ほかには…

・今すぐ謝りなさい！
・「ごめんなさい」でしょ⁉

ポジティブことば

11

positive

悪いと思ったら「ごめんなさい」って言おうね。後でもいいよ

ほかには…

・後で話そうね

悪いことをしたら素直に謝れる子にしたいと思うのは当然です。しかし、強要すると子どもはふてくされるか、心ない言葉でとりあえず謝るだけに。少し時間をおいてみましょう。即座に謝れなくても、ムリに謝らせるよりも子どもの心が育ちます。なにより、親が待ってくれたというだけで親子の絆も深まりますよ。

イライラことば

12

はっきり言いなさい！

ほかには…

・ちゃんと話しなさい！

iraira

ポジティブことば

12

positive

もう少し大きい声で話してくれる？

ほかには…

・私に教えてくれる？

小さな声でボソボソしゃべっている場合、それはおそらく話したくない内容のはず。「言いなさい！」と語気を強めると、子どもは怖くてなにも言えなくなります。ここは親が一歩引いて「聞こえなかった私に問題がある」と心の大きさを見せて。話しやすい環境づくりは、子どもの気持ちがいちばんわかる親にしかできないことですよ。

イライラことば

13

まだ○○してないの!?

ほかには…

・まだできないの!?

ポジティブことば 13

positive

こっちは終わったんだね。次は〇〇だね

子どもは全体像を見るのが苦手です。一部分が終わっただけで「全部終わった！」という気分になってしまうこともよくあります。親は、子どもにその勘ちがいを気づかせてあげればいいだけです。「できた」ところと「まだできていない」ところを区別して、子どもの頭の整理を助ける言葉かけをしましょう。子どももすぐに気がついて、取り組みはじめるはずです。

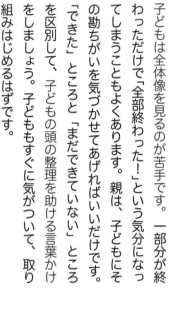

イライラことば

14

iraira

遊びながら食べない！

ほかには…

・いつまで食べてるの！

ポジティブことば
14

positive

おいしいね

ほかには…

・いっしょに食べるとおいしいね

食事の時間は家族で楽しい会話をする時間。親には、たとえ忙しくても、次にやることを考えて焦るのではなく、そんな価値ある時間を大切にして子どもとのコミュニケーションをとってほしいものです。家族で楽しい時間がもてれば、子どももほかのことに気をとられて遊んだりせず、自然と楽しく食事をするようになりますよ。

15

好き嫌いばかりして！

ほかには…

・嫌いなものも食べなきゃダメよ！

ポジティブことば 15

positive

嫌いな○○が食べられるようになったね！

ほかには…

・○○が食べられてスゴイね！

親としては少しでも嫌いなものを減らす働きかけをしたいもの。ただし好き嫌いを怒ってばかりいると嫌いな気持ちがどんどん大きくなってしまうことも。嫌いなものをがんばって食べたときはおおげさにほめて、有頂天にさせるのもひとつの手です。その気にさせられれば、嫌いなものもすすんで食べるようになりますよ。

イライラことば

16

iraira

また散らかして！

ほかには…

・片づけなさい！
・散らかしっぱなしでしょ⁉

ポジティブことば

16

positive

お片づけいっしょにやろうか

ほかには…

・どっちがきれいにできるか競争しよう

親が怒るだけでは部屋はきれいにはなりません。部屋が散らかっているという「イライラ環境」を、親子で遊びながら「快適環境」に変えてみてはいかがでしょう。競争するなら、親はわざと負けたり僅差で勝ったりするなどのテクニックで子どものやる気を上手に上げてください。「お片づけ名人」に仕立てるのもいい方法です。

イライラことば

17

iraira

そんなに騒ぐなら、もう連れてこないわよ！

ほかには…

・騒ぐんじゃない！
・静かにしなさい！

もう連れてこない
ウワーーン!!
私が泣きたいよ！

騒いでいると周りの人に迷惑だよね

「コラ！」「騒ぐな！」と叱るだけでも、「もう連れてこない！」と怒りをぶつけるだけでもいけません。「どうして騒いではいけないのか」を子どもが理解するように仕向けるのがしつけです。その場しのぎはせず、「なぜいけないのか」をきちんと教えることで、どんな場面でも自分で考え、応用できる子どもに育ちます。

イライラことば

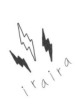

18

iraira

○○さんに怒られるでしょ！

ほかには…

・○○さんに怒られても知らないよ！

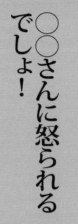

ポジティブことば

18

positive

周りの人はどんな気持ちになるかな？

これはずいぶん無責任なイライラ言葉です。子どもは次第に「だれかに怒られなければやっていい」という発想になり、隠れて悪いことをするようになってしまうかも。そもそも、叱ってうとまれる役を買ってでるのは親のつとめです。だれかを引き合いにだすのではなく、悪い理由を伝え、人の気持ちを考えられる人間に育つようにしましょう。

イライラことば

19

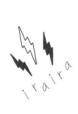

iraira

走っちゃダメでしょ！

ほかには…

・なんで走るの！

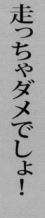

ここは走るところではないよね。なんでだと思う？

ほかには…

・ここで走ったら、どうなると思う？

「危険な行動を禁止する」のはしつけにおいて大切なこと。ただ、元気に走ること自体は、子どもの本能的な行動であり、そんな子どもらしさを完全に禁止する必要はありません。問題は走る場所やシチュエーション。走っていい場所、走ってはいけない場所、その区別ができるように、きちんと理由を考えさせる言葉かけをしましょう。

20

（おもらしをして）なにやってるのよ！

ほかには…

・あーヤダ！

ポジティブことば 20

positive

間に合わなかったね

ほかには…

・次はもう少し急ごうね

怒るよりも起きた事実だけを伝えて、その上で「おもらししないためにはどうしたらいいか」を考える場をつくるほうが得策。子どもは自分の行為を否定されると、そこで思考も止まってしまいます。繰り返すようなら「次は早く言おうね」などとアドバイスしてあげましょう。もちろん、おもらし以外のシチュエーションでも同じです。

イライラことば

21

もう自分でできるでしょ！

ほかには…

・もう○歳なんだから、ひとりでやりなさい

・いい加減、自分でやってよ！

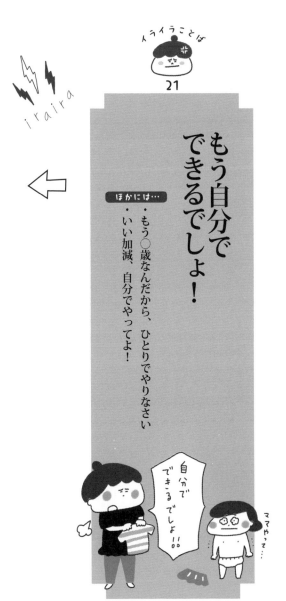

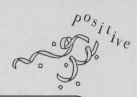

私はどこを手伝おうか？

親から見放された孤独感を与えてしまう言葉です。親は子どもの成長を焦っているかもしれませんが、できないこと、やりたくないことを強いられると、子どもの自己肯定感が下がってしまうことも。忙しいときも、「ここだけいっしょにやってみようか」と、一部分手伝ってあげるなどして少しずつできることを増やしてあげて。

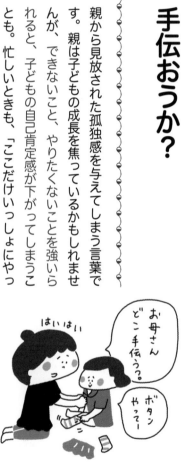

お母さん
どこ手伝う？
はいはい
ボタン
やってー

イライラことば

22

iraira

お兄ちゃん（お姉ちゃん）だからできるでしょ！

ほかには…

・お兄ちゃん（お姉ちゃん）らしくしなさい

ポジティブことば
22

いつもありがとう!

ほかには…
・いつも助かってるわ

言うまでもなく、子どもは自分の意志で「お兄ちゃん(お姉ちゃん)」として生まれてきたわけではありません。こんなふうに言われたら、甘えたくても甘えられず、つらい思いを重ねてしまいます。きっと親の知らないところでも、お兄ちゃんとしてがんばっていることもあるはず。お兄ちゃんだから、を当たり前にしないことが大切です。

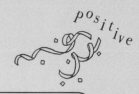

イライラことば

23

ちゃんとしなさい！

ほかには…

・しっかりしなさい！
・きちんとして！

positive

今やることを書き出してみようか

ほかには…
・頭の整理をしてみようか

「ちゃんと」はよく使う言葉ですが抽象的すぎて、親の思う「ちゃんと」と子どもが思う「ちゃんと」は合致していないことがあるかも。子どもはあいまいな表現では理解できず、行動に移すことができません。あいまいさを回避するためには、「ちゃんと」の具体的な内容を書き出してみたり、絵に描いて説明したりするといいでしょう。

column 4

絶対に言ってはダメ！　大後悔“ねじ伏せセリフ”

親のイライラ言葉には、子どもをねじ伏せ、トラウマとなるほど深く傷つけてしまうものがあります。その例を下に挙げてみました。親だって人間です。感情的になることもあるでしょう。しかし、子どもの心を立ち直れないほど深く傷つけることがないよう、注意してくださいね。

ねじ伏せセリフ例

頭悪いんじゃないの!?

もうあなたの親ではありません！

もう、ウチの子じゃないから！

友だちから嫌われているんじゃないの!?

気持ち悪い！

どうせ全部私が悪いのよね！

ついてこないで！／さわらないで！／あっち行って！

あなたなんかいなければよかった！

私、出ていくから！

出ていきなさい！

魔法の
言い換え辞典

能力編

最愛のわが子には、最高の人生を送ってもらいたい。

だから、親は子どもにいろんな習いごとをさせたり、

しっかり勉強させようとしたりするのでしょう。

そこで気をつけたいのは、

できないことで子どもを責めないこと。

子どもは子どもなりに、

精いっぱい取り組んでいます。

できないことを怒るのではなく、

できることを認め、伸ばしていく言葉かけをすれば、

子どもが、自然とやる気を出してくるようになります。

イライラことば

1

iraira

バカじゃないの！

ほかには…

・救いようがないわね

ポジティブことば 1

positive

気持ち切りかえようか！

ほかには…

・次はどうしようか？

たとえばテストで0点をとったときは、子どもだって落ちこんでいます。こんなときの親のイライラ言葉は、子どもの勉強嫌いや苦手意識を高めてしまうかも。できないことをできないままで終わらせるか、できないことができるようになるかは、親の言葉かけ次第。子どもが気持ちを切りかえ、前向きになれるように仕向けてあげて。

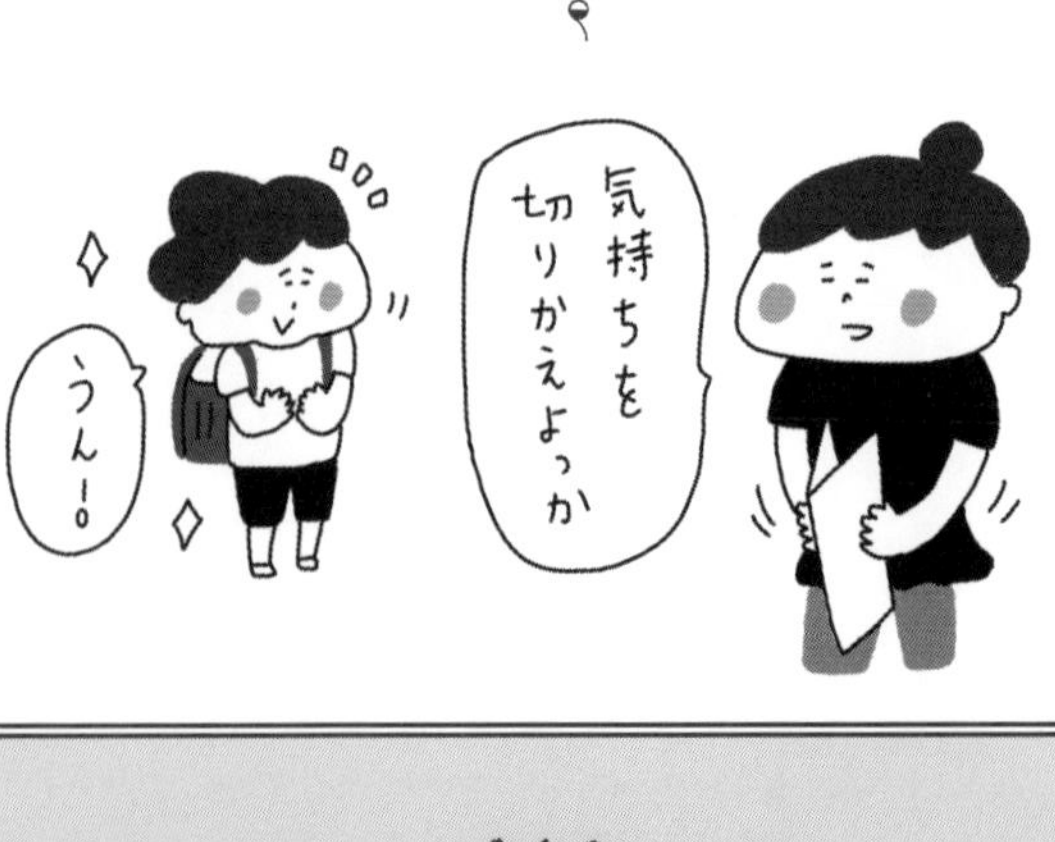

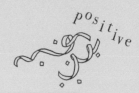

イライラことば

2

iraira

だからダメなのよ！

ほかには…
・ろくなことしないわね
・ほんとダメだね

positive

ポジティブことば

2

忘れちゃったかな？

ほかには…

・間違えちゃったね

人間ですから失敗したり、忘れたりすること、やってもできないこともあります。つねに完璧でいることはできません。たったひとつできなかったことを取りあげて、こんな言葉で子どもの自己肯定感をペシャンコにしても、親にも子どもにもいいことないはず。まずは困難に立ち向かっている子どもの気持ちに寄りそう言葉かけをしてみて。

イライラことば
3

iraira

まだ宿題やってないの⁉

ほかには…

・すぐに宿題をはじめなさい！

ポジティブことば 3

positive

あと何分で宿題をはじめる？

ほかには…

・宿題が終わったらなにしようか？

子どもは楽しいことを優先させて、やりたくないことを後回しにしてしまうものです。たとえ親にイライラ言葉を向けられても、楽しんでいたことを即座にやめ、宿題モードに切りかえるのは子どもには難しいこと。その気持ちを汲んだ上で、徐々に気持ちを切りかえさせ、取り組みやすくなるサポートをしてあげましょう。

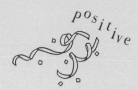

イライラことば
4

iraira

こんなことも わからないの⁉

ほかには…

・こんなの簡単でしょ！

ポジティブことば 4

positive

難しいのやっているよね、がんばってね

ほかには…

・もう少しでできそうだね

当たり前のことですが大人には簡単な問題も、子どもには難しいものです。大人目線で、「なんでできないの!?」と感情的になるのはルール違反。子どもに接するときは、子どもの目線になってあげることが大切です。トライする姿勢をほめたり、大変だねと共感したりすると、子どもは楽しく困難に挑戦する気持ちになれますよ。

イライラことば 5

iraira

なんで3日しか続けられないの！

ほかには…

・3日坊主ってあなたのことね
・まだはじめたばかりじゃない！

ポジティブことば 5

positive

第一ステージ、クリアしたねー！

子どもは「遠すぎるゴール」に向かっては走れません。大人には短く感じる期間も、子どもにとっては長いもの。まずは「3日続けられたこと」を承認し、あらためて次の目標に向かう気持ちにさせましょう。「第一ステージクリア！」「10ポイントゲット！」など、ゲーム感覚も効果的。「できた！」という自信が、自然とやる気を育てます。

3日続けられたんだー!! 第一ステージクリアだね！
もう少しがんばってみる

イライラことば

6

iraira

どうしてこれしかできないの！

ほかには…

・まだ全部終わってないでしょ！
・まだこんなに残ってるんだからね！

ポジティブことば

6

positive

ここまでできたね。じゃあ残りをがんばろう！

ほかには…

・半分は終わったね

子どものさらなる成長を期待するあまり、親はついつい「子どもができなかったこと」にばかり目を向けがちなものです。しかし、まずはできたところをほめ、その後でこれからを応援する言葉かけをするのが大切。言葉かけだけでなく、「できたら、今晩はハンバーグね」のように、たまにはご褒美を用意するのも悪くありませんよ。

イライラことば 17

iraira

なんでこんな問題ができないの！

ほかには…

・なんでこんなところ間違えるの⁉

ポジティブことば

7

positive

どこが難しかったかな？

ほかには…

・どこがわからなかったかな？
・いっしょに考えてみようか

「なんで」と聞かれても子どもには理由なんてわかりません。できないものはできないからです。起きてしまったことを否定的に聞いても、この言葉からは言い訳しか出てこないでしょう。それより大事なのは「わからないままですませず、できなかったところを理解する」こと。「いっしょに解決しよう！」という言葉で励ましてあげて。

イライラことば

8

iraira

問題をよく読みなさい！

ほかには…

・ちゃんと読まなきゃダメでしょ！

・問題読んでないでしょ!?

ポジティブことば
8

positive

問題にはなんて書いてあるのかな？

ほかには…

・もう一度読んでみようか

このイライラ言葉がよく出る場合、子どもは問題をしっかり読まないことがクセになっているのかもしれません。命令ではなかなか改善しないので、子どもが「問題を読もう」という気持ちになる「問いかけ」に変換するのがポイント。自分で弱点を発見できれば、「注意深く読もう」「もう1回読んでみよう」と意識するきっかけになるはずです。

イライラことば

9

iraira

もっとがんばりなさい！

ほかには…

・まだできるでしょ！

かけっこで2番になった！
1番じゃないの!? もっとがんばりなさい！

がんばっているね

子どもがなにかできるようになると、「次はこれ」「もっとできるでしょ」と際限なくやらせようとするのも親心。子どもはどんなにがんばっても、親を満足させられず、そのうちやる気が失せてしまいます。まずはどんなに小さなことでも、できたところ、がんばったところをきちんと認めてあげることのほうがずっと大切です。

イライラことば

10

iraira

○○ちゃんは上手にできるのに！

ほかには…

・○○ちゃんはスゴイよね〜！

positive

こんなところが成長したよね

ほかには…

・〇〇ができるようになったね

子どもと「ほかの子」の比較はNG。比べるなら、子ども自身の過去と現在です。「どれだけ成長したか」を言ってあげることで、親に認められていると安心し、自己肯定感もアップします。よく言われることですが、子育てにおいても結果だけに目を向けるのではなく、それまでのがんばりや成長を思い出し、伝えてあげることが大切ですよ。

11

早くできるようになってよ！

ほかには…

・○歳ならこのくらいできるはずなのに……
・まだできないの⁉

ポジティブことば

11

どうしたらできるようになるかな？

ほかには…

・どうやったらうまくいく？

親は「もう○歳なのに」「もう○年生なのに」と思うと、子どもが「まだできない」ことにイライラしてしまいます。しかし、年齢や学年と「できる」「できない」ことは関係ありません。個人差が大きいからです。早くできる子もいれば、大器晩成型の子もいます。怒らずに、子どもができるようになる方法を考えられる問いかけをしましょう。

イライラことば

12

iraira

練習しないからできないのよ！

ほかには…

・練習しなきゃできるわけないでしょ！
・ぜんぜん練習してないじゃない！

ポジティブことば

12

positive

できるようになるには、どのくらいの練習が必要かな?

ほかには…

・いつ練習するといいかな?

がんばった成果がすぐに出るとはかぎりませんが、継続は力なりということを大人はこれまでの人生経験から学んでいるだけに、それを強制してしまうことも。しかし、子どもはがんばればすぐに成果が出ると思っています。努力を続けさせるには、やる気を取り戻させることが大切。子ども自身に、理想の自分をイメージし直させて。

イライラことば 13

○○を習うのは自分で決めたんでしょ!

ほかには…

・自分がやりたいって言ったんでしょ!

ポジティブことば 13

positive

どうして○○を習いたいと思った？

どんな子も習いごとでのスランプは必ずあります。そのとき「自分で決めたことでしょ」と言われれば、意固地になって「じゃあ、やめる！」となる可能性大。それより初心に戻って、どうしてやりたいと思ったか、その習いごとの好きなところを思い出させるような言葉かけを。大好きな気持ちを思い出し、やる気が復活するかもしれません。

column

5

イライラ言葉を使った後の手当て

ついついイライラ言葉を口にしてしまった後は、子どもにどのように接すればいいでしょうか？

もっとも効果的なのは、親が子どもに「ごめんね」の気持ちを表すことだと思います。イライラ言葉を「使ってしまった！」と思ったら、「ごめんね、今のは言いすぎたね」と言いましょう。すぐに言うのが難しければ、少し時間が経ってからなら「さっきは言いすぎたね」、その日の夜なら「今日はちょっと言いすぎたね」と伝えるといいでしょう。

私は娘たちが小さい頃、イライラ言葉で深く傷つけてしまった！　と思ったときには、子どもの枕元に手紙を置いておくことで「ごめんね」の気持ちを伝えました（くわしくは199ページからの座談会を参照）。手紙にすれば、言葉では伝えにくい本当の気持ちが伝えやすくなるのでオススメです。

「ごめんね」の気持ちを態度で示す方法もあります。おやつをいっしょに食べたり、夜ごはんのメニューを子どもの好きなものにしたりするのもいいでしょう。子どもの頭をなでたり肩に手を置いたりといったスキンシップも効果的。

「ひどいことを言ったけど、私はあなたを大事に思っている」という気持ちが子どもに伝われば大丈夫。親子の関係はいくらでも修復可能なものなのです。

chapter 3

イライラの7つの原因を知ろう！

イライラをとくカギは「もうひとりの自分」

　そもそも、どうして親は子どもにイライラ言葉を使ってしまうのでしょうか？子どもに対して「ムカつく！」と思うことはあっても、それは100％本心ではありませんよね。自分の子どもはだれよりもかわいいし、心配だからこそ「こうなってほしい」という願いを強くもつのが親というもの。だから、そんな理想の子ども像と現実の子どもにギャップがあると、いてもたってもいられずつい感情的になってしまう……。多くの親は、こんな経験をされているのではないでしょうか。よく考えれば、イライラ言葉を使ってしまう「引き金」は子どもの言動ですが、**根本的な原因は〝親の心のなか〟**にあるようです。

　親だからって、感情的になるなというのはムリでしょう。とはいっても「感情に任せてイライラ言葉を発してもいい」ということでもありません。イライラ言葉は子どものやる気を失わせ、悲しい気持ちにさせるだけでなく、言った親自身もイヤな気分になり、双方の心を傷つけてしまうからです。言わないに越したことはありません。

イライラ言葉を使ってしまう、親の心のなかにある根本的な原因を分類してみると、大きく7つにまとめることができます。自分自身がどのようなシチュエーションでイライラ言葉を使いがちなのか、それがわかればイライラ言葉を回避しやすくなるはずです。

そして、解決策としてオススメなのは、**イライラ言葉を発したときの自分と子どもの関係を客観的に見る〝もうひとりの自分〟をつくること。**自分を客観視することで、「イライラ言葉を使っている自分はどのような状態なのか」「子どもにどんな影響を与えているか」が見えてくるものです。

「そのイライラ言葉で、いったい子どもになにを伝えたいの？」

「どんな顔して、その言葉を使っていると思う？」

「どうしてそんなに怒らないと言えないの？」

「あと何分怒るのかしら？」

「本当はどんな親でいたいの？」など、もうひとりの自分がこう問いかけることで、現実の自分は「私はなにをやっているんだろう」と冷静に自分を振り返ることができるはずです。次のページから具体的な「イライラ言葉の原因」と「有効な問いかけ」を探っていきましょう。

原因1　急いでいるとき

多くの親は家事や仕事で忙しく、頭のなかはつねに「これをやらなきゃ」「あれもしなきゃ」でいっぱい。だから子どもが「習いごとの時間なのに、まだおやつを食べている」「出かけたいのにまだ着替えていない」といったことがあると、「なにやってんの！」「早くしなさい！」などのイライラ言葉をぶつけてしまうのもムリはありません。

でもちょっと待って。ここで「もうひとりの自分」の出番です。「子どもはなぜ急ぐ必要があるのかわかっている？」と自分に問いかけてもらいましょう。

子どもは「今」という世界に生きていて、大人のようにこれから先を見越して計算したり準備したりすることが、まだできないのです。だからこそ、大人が少しずつ「目標の時間までに終わらせるには、いつなにをすればいいのか」といった「時間の概念」を教えてあげなくてはいけません。「あと10分で水泳教室に行く時間だよ。おやつはあと5分で食べようね」など、あと何分で今のことを終わらせればいいのか、何時までにやってしまえばいいのかを伝えてあげましょう。

具体的に残された時間がわかれば、子どもはなにを優先させたらいいのかわかり、行動できるようになるでしょう。それでも子どもがノロノロしているときは、「私と競争だよ」「時計と競争してみよう」と、上手に競争心をあおるのもひとつの手です。

また、親が言っていることが矛盾していないかも考えてみてください。「早く宿題しなさい！」という一方で「字はていねいに書きなさい！」と言うと、「いったい、どうしたらいいの？」と子どもは混乱してしまいます。自分の言っていることが矛盾していると感じる場合、もうひとりの自分に「子どもの〝今〟にとって、なにがいちばん大切？」と問いかけてもらいましょう。**子どもと大人の時間軸はちがいます。**大人の時間感覚で、子どもが今やっていることを急がせたりやめさせたりすることが、本当に適切なのかを考えてみましょう。

イライラ言葉を使わないための「自分への問いかけ」

「子どもはなぜ急ぐ必要があるのかわかっている？」
「あなたの言っていることは矛盾していない？」
「子どもの〝今〟にとって、なにがいちばん大切？」

原因2　周りの子どもと比較してしまうとき

なにかにつけ、わが子が「人並みにできているのか」と心配になるのも、親なら当然です。つい周りの子と比較してイライラしてしまう気持ち、よくわかります。周りよりわが子ができていれば安心するし、できていなければ不安になって、「○○ちゃんは字が上手なのに！」「○○くんは上級クラスなのに！」などと、つい言ってしまうのです。これらの言葉からは、「あなたはまだできないの⁉」という親の心の声が聞こえます。言葉にしなくても、ため息や表情でそんな気持ちは子どもに伝わっています。

親に自分をほかの子と比べられるのは、子どもにとってはもっともつらく、もっとも悲しいこと。では、周りの子と比較したイライラ言葉を、親が言わないようにするためにはどうしたらいいのでしょうか。

当たり前ですが、子どもの個性はそれぞれ異なります。とりわけ小さいうちは、発達度合もみんなちがいます。まず大切なのはそれらを認めて、「この子らしさを大事にすることが、この子を伸ばすいちばんの近道」と信じること。そして、もうひとりの自分から「この子が自分らしく生きるのと、だれかの人生を真似して生きるのと、私はどちらをのぞんでいるの？」と問いかけてもらうこと。冷静になれば、「わが子は自分らしく生きているのだ」と思えて、よその子との比較に意味がないことも納得できるはずです。

「この子がよその家の子だったら、私はなんて言う？」という問いもいいですね。自分の子だからこそ、イヤな部分がどうしようもなく不愉快になってしまうけど、他人の子なら「ユニークだね」「○○くんらしくていいじゃない！」などと、おおらかになれるのではないでしょうか。

それでもほかの子と比較してしまうときは、もうひとりの自分から「パートナーによその奥さん（旦那さん）と比較されたら、どう思う？」と問いかけてもらいましょう。これは、絶対にイヤですよね。子どもだって周りの子と比較されたら、そのくらいイヤなんだということを肝に銘じる、いいきっかけになりますよ。

イライラ言葉を使わないための「自分への問いかけ」

「子どもが自分らしく生きるのと、だれかの真似をして生きるのと、どちらをのぞんでいるの？」
「もしも、この子がよその家の子どもなら、なんて言う？」
「パートナーによその奥さん（旦那さん）と比較されたら、どう思う？」

原因3　周囲の言葉に、敏感になりすぎているとき

パートナーや両親、義理の両親、学校の先生やママ友・パパ友など……、親の周りには子育てや教育方針、しつけについて、こちらが聞いてもいないのに、あれやこれやと意見やアドバイスをしてくれる人がいます。なかにはありがたいアドバイスもあるものの、自分の考えとちがったり、納得できない意見もあり、複雑な思いをした経験もあるのではないでしょうか。

そんなさまざまな声に押しつぶされて、それが**自分の子育てに対する評価に聞こえるかたもいるようです**。そうなると、つい「あなたのせいで……」という気持ちになり、「ちゃんとやってよ！」「何度言ったらわかるの！」といった言葉を子どもにぶつけてしまうことも。さらに「○○くんはゆったりタイプよね」や「いつもすごく元気があるわね」というほめ言葉でさえも「ウチの子はグズって言いたいのね！」とか「落ち着きがないってことかしら？」というように悪くとらえるようになったら要注意。物事を悪くとらえてしまうのは、親が子育てに自信がないからでしょうか？　いいえ、それよりも「**親が子育てに完璧を求めすぎ**

ているから」のほうが近いのではないかと思います。「完璧」を「唯一の正解」と置き換えてもいいでしょう。子育てに正解を求める完璧主義でいると、つねに「あと、なにが欠けているのか」ということばかりを心配してしまい、どうしてもイライラから脱出できません。

そんなときは、もうひとりの自分から「子育てに正解を求めすぎていない？」と問いかけを。いうまでもなく、**子育てに正解なんてありません**。親が自信をもち、リラックスして子どもに接していればいいのです。

さらに、「いったい、私はだれのために子育てしているの？」という問いかけもしてみてください。親が子育てしているのは周囲の人にほめられるためですか？　周囲の人から認められる子育てをしたいのか、それとも子ども自身が幸せだと感じる子育てをしたいのか……。答えは親のなかにありますよね。

イライラ言葉を使わないための「自分への問いかけ」

「子育てに正解を求めすぎていない？」
「いったい、私はだれのために子育てしているの？」

原因4　理想と現実のギャップを感じるとき

わが子の成長に対して「もう7歳なのに……」「男の子なのに……」と、イライラしてしまうこと、ありますよね。親というのはどうしてもわが子を自分の人生経験や理想という眼鏡をとおして見てしまいがち。だから、つい理想像と現実のわが子とのギャップに落胆し、思いどおりにならないふがいなさを感じてイライラしてしまうのでしょう。

子どもに対して理想の姿を思い描くことは決して悪いことではありません。ただし、大事なのは、その理想はだれの理想なのかを考えること。たとえば、子どもは周囲のお友だちといっしょに地元の中学に行きたいにもかかわらず、親が塾に行かせ難関校受験を決めたり、子どもは習いごとを「みんなと楽しくやりたい」と思っているのに、親は「レギュラーになること」にこだわったり……。そんな親〝だけ〟が決めた理想では子どもはついていくことはできません。

理想の姿をわが子と共有することからはじめましょう。そして、その理想を実現するためにどんなことをすべきかをいっしょに考えて、ともにその方向にすすんでいけるのであれば、それこそが理想の親子関係といえるでしょう。子どもが希望する中学が見つかれば、親子でその思いを共有して二人三脚で中学受験に取り組む。野球チームでレギュラーになって活躍したいという思いが子どもに芽生えれば、そのために努力する子を、親も気持ちよく応援する。つまり、子どもとじっくり話し合って、いっしょに理想像をつくり上げていくのがベストなのです。理想を実現するにはどうしたらいいのか、具体的に「やることリスト」を親子でつくってみるのもオススメです。

子どもが小さくて、まだ話し合いは難しいという場合は、せめて夫婦で相談して「理想像」を共有しておくことをオススメします。「子どもの理想像」がはたして親の独りよがりになっていないか、パートナーからの意見を聞くことで気づくことがありますよ。

イライラ言葉を使わないための「自分への問いかけ」

「その理想はだれの理想なの？」
「いつまでに成果が必要なの？」
「理想の実現のためにできることはなに？」

原因5　見通しが立たないとき

何度注意をしても直らなかったり、こうなってほしいという理想の姿まで程遠いと感じたり、子育てではなかなか見通しが立たないこともよくあることです。未来が見えない状況というのは、とても不安なもの。

この**不安というイライラは、自分が行動すべきことが決まればなくなります。**そのためには情報を集めてみたり、信頼できる人に相談したりしながら一歩前にすすんでみましょう。核家族で孤立しがちな今の親にとって、ひとりで抱えこまず、積極的に外部の力を使って、子育てのイライラを軽くするのはとても大切なことです。

また、見通しが立たず「お先真っ暗」という気持ちの場合には、もうひとりの自分から「10年後をイメージしてみて」と問いかけてもらいましょう。今は、「こんな簡単なこともできないなんて」と悩んでいることも、10年後ともなれば、さすがにできるようになっていると思えませんか？　「あの頃は、こんなことで悩んでいたなあ」と懐かしく思い出しているご自分もイメージできるでしょう。

焦る必要はまったくないのです。

現時点で、「この子なりに成長したところを思い出して書き出す」のもいい方法です。子どもの成長は早いもの。1週間前はできなかったのに、気がついたらできるようになっていることも見つかるかもしれません。書く、という行為は、頭のなかが整理されるのでぜひトライしてみてください。「そうか、このままで大丈夫なんだ」と思えれば、見通しが立たない不安もかなり解消されるのではないでしょうか。

同時に「10年後の自分から今の自分へ声をかけるとすると、なんて言ってあげる？」という問いかけもオススメです。私が主宰する子育てコーチングスクールでも子育てで悩んでいる親御さんにこの問いかけをしてもらうのですが、多くのかたが10年後の自分は今の自分に「落ち着いて」とか「大丈夫だよ」と言っているとお答えになります。客観的に見れば、焦ることではないと自覚できるはずですよ。

イライラ言葉を使わないための「自分への問いかけ」

「子どもの10年後をイメージしてみて」
「10年後の自分から今の自分へ声をかけるとすると、なんて言う？」

原因6　イヤな部分ばかり目につくとき

子どもって、「親がイヤがることをあえてやっているのでは？」と思うくらい、イヤな部分ばかりが目につくことがありますよね。しかし、本当に子どもが「親がイヤがることをしてやろう」と企んでやっているのかというと、もちろんそうではありません。親は子どもが大切だから、「もっとよくなってほしい」と強く願い、よくない部分やイヤな部分ばかりがクローズアップされてしまう、つまり自分に原因があるのです。これはもう、愛情ゆえのこと。ある意味「生理反応のひとつ」だとさえ思います。

そんなときは、「世の中はすべて解釈でできている」と思いましょう。つまり、親がイヤだと解釈していることも、人によってはプラスに解釈できるかもしれないことなのです。解釈は「とらえ方」「見方」と言い換えることもできます。イヤな部分も見方を変えれば、才能としてとらえられるかもしれません。そんな柔軟性のある物の見方ができると、子育ては今よりもずっとラクになり、イライラ言葉も減るはずです。

そのためには、「イヤだと思うところは、じつはどんな才能だと言える？」という問いかけが機能します。たとえば「すぐに泣く」というイヤな部分は「感情が豊か」という長所とも考えられます。「気が散りやすい」は「好奇心旺盛」と置き換えれば、その子の「いいところ」になります。

「運動が苦手」というのはどうでしょう。子どもの運動が苦手なことを心配している親は、とくにご自身がスポーツ好きだと、「子どもは本来、運動が好きなものなのに、ウチの子は苦手だと言い訳して怠けているのではないか」と感じることもあるようです。「運動が苦手」は言い換えれば「運動が好きではない」になります。好きじゃないから「積極的にしない」、怠けているのではなく「やらないことを選んでいる」と解釈すれば、親のイライラは減っていくのではないでしょうか。そして、きっとほかになにか得意なことがあるはずだと探してあげれば、思いがけない才能が見つかったりするものです。

イライラ言葉を使わないための「自分への問いかけ」

「イヤだと思うところって、ちがう見方ができないかな？」
「そのイヤな部分は、言い換えればどんな才能だと思う？」

原因7　自分の体調が悪いとき

人はだれでも体調が悪ければ、気持ちも沈みますし、不安にもなります。そんなときに、子どもがイラッとさせるようなことをすれば、親もついイライラ言葉で返してしまうでしょう。体調が悪くてイライラするのは仕方ありません。親だって、1年365日元気でがんばり続けられるわけではないのです。子どもは夫に任せたり、一時的に実家やベビーシッターにお願いしたりして、まずは自分の体をいたわってあげましょう。**周りの人に助けを求めることも、親の仕事のひとつだと思います。**

そして、「自分を応援してくれる人はたくさんいる」ということにも気づいてください。「だれが私を助けてくれるのかな?」と問いかけ、周りを見回してみてください。パートナー、パートナーと自分の両親、昔からの友だち、最近仲良くなったママ友・パパ友……。体調だけでなく、心の調子がダウンすることもありますから、「腹を割って話せる人を見つけておく」ことも大切です。**体の不調も心の不調も、ひとりで抱えこまないことがいちばんです。**

また、自治体には必ず「子育て相談窓口」があり、秘密厳守で相談にのってくれます。悩みや心配ごとは、だれかに聞いてもらうことでスッキリして、解決されることが多いもの。身内に言いづらければ、こういった窓口を利用してみるのもいいでしょう。さらに、地域には民生委員や児童委員という、つねに住民の立場に立って子育てや介護など生活全般に関する相談や援助活動をしていらっしゃる人もいます。町会や自治会が推薦や募集をして、その後、都道府県の推薦を受け、厚生労働大臣より委嘱される特別職の地方公務員という立場の人です。民生委員や児童委員には守秘義務があるので安心して相談できるでしょう。住んでいる市区町村に問い合わせてみてください。

元気なときにちょっと時間をとって、自分を助けてくれる人を探し、**「私の子育て応援隊リスト」**を作成しておくのがオススメです。それをつくることで「私にはいつも味方になってくれる人がいる」と安心できれば、体調を崩したときにもイライラしないで対応できるでしょう。

イライラ言葉を使わないための「自分への問いかけ」

「私を助けてくれる人はだれなのかな?」
「私の味方になってくれる人はだれ?」

親のイライラの原因

環境的な要因
急いでいる
自分の体調が悪い
心のなかの要因
周りの子どもと比較してしまう
周囲の言葉に敏感になりすぎる
理想と現実のギャップを感じる
見通しが立たない
イヤな部分ばかりが目につく
イラ イラ…
ブチッ
ママー
ママー
ねー ママー

column

6

変換がうまくできない人へ

この本で紹介したポジティブ言葉の数々は、それ自体は決して「難しいセリフ」ではありません。しかし、親の気持ちの切りかえがうまくできなかったり、子どもに言うのが恥ずかしいと思ったりすると、ポジティブ言葉を「口に出しにくい」と感じる場面もあることでしょう。気持ちはわかりますが、私はそれでもあえて「とりあえず言葉にしてみる」ことをオススメします。ポジティブ言葉を一度、思い切って使ってみてください。まず、それまでイライラしていた自分の「気持ちが変わってくる」ことを実感できると思います。自分の口から発した言葉は、子どもだけでなく自分の耳にも入ってきて、心に響いてくるからです。

子どもを「ほめる」「叱る」のボーダーラインは人によってちがいますが、私が多くの親御さんと接するなかで感じているのは、子育てに完璧を求めがちな親ほど、「ほめる領域」が狭いこと。そんな親にこそ、ポジティブ言葉を使っていただきたいと思います。使えば使うほど、余裕をもって子どもに向き合えるようになり、ほめる領域も広がるはずです。

そして、ポジティブ言葉を使い続ければ子どもの表情も次第に変わってくるはずです。それを見れば、親の気持ちもますます前向きになるでしょう。

positive

chapter 4

親子コミュニケーションのコツ

iraira

話を聴いて、観察して、子どもの味方になろう

親子のコミュニケーションでは、親は「子どものために聴く」という姿勢を意識することがとても大事です。具体的には①聴くこと、②観察すること、③味方になることを意識しましょう。なかでも「聴くこと」はコミュニケーションの第一歩。「聴く」は、ただの「聞く」とはちがい、子どもの話にしっかりと耳を傾けることです。

「子どもの話を聴く」ときに、まず気をつけたいのが「子どもが話しやすい環境を整える」ことです。子どものために話を聴こうとする際には、

①向き合って座るのではなく、子どもの隣に座ってみる。

②だいたい同じ目の高さで、子どもの話を聴く。

この2点に注意しましょう。

とかく親は子どもと話すとき、子どもの話したいことを聴くよりも「自分が聞きたいこと」をダイレクトに尋ねてしまいがちです。「あれはどうだったの?」「どうしてそうなったの?」と、次々に聞き出そうとすること、ありますよね。

親にとっては、子どもはかわいくて心配だからこそ、くわしく聞きたい、たくさん聞きたいといった「愛の問いかけ」なのでしょうが、じつはこれは、コミュニケーションというより、「事情聴取」になっている可能性も。親は自分が知りたいことを「自分のためにに」聞いているのであって、子どもが話したいことを「子どものため」に聴いているのではないからです。

事情聴取型の会話では、子どもは「面倒くさいなぁ」と感じ、「もう、話したくない！」と口を閉ざしてしまいます。すると、その態度に親はイライラして語気を強める……こうやって悪循環におちいってしまうのです。

子どもと正面で向き合って座ると、どうしても事情聴取のようになってしまいます。また、親が立ったまま子どもと話すと、見下すような威圧感があります。子どもと同じ方向を見て座り、同じ景色を見ながら聴く。それだけで子どもはリラックスして、親と話そうという気分になれるでしょう。

また、子どもの話すペースに、親が合わせるのも大事なこと。子どもが早いペースで「それでね、それでね」と話してくるのなら、親もそのペースで聴く。反対に子どもがゆっくり考えながら話すのなら、親も子どもが話すのをせかしたりせず、ゆっくりと聴いてあげてください。

とりわけ、子どもがいつもと少し様子がちがって「なんだか元気がないな」と感じるときは、より注意して子どもの話を聴いてあげることが大切です。なかなか子どもが話し出さない場合には、場所を変えるというのもよい方法。家のなかだとどうしても**「親子」という役割にしばられがちで、気持ちを切りかえにくい**からです。いっしょに散歩に出かけたり、喫茶店に行ったりして、「いつもとちがう場所」で話をすると、子どもが本音で話しやすくなるでしょう。

ただ、とくにこのような場合は、**子どもと1対1で話せる、2人だけの時間と場所を確保する**ことが大切です。きょうだいがいる場合でも、ほかの子は留守番させたり、パートナーに任せたりして2人だけになり、「今からあなたの話を真剣に聴きますよ」という姿勢を見せてあげてください。そうすることで、子どもに**「親は自分の味方でいてくれるんだな」**と信頼感が生まれ、話そうという気分になれるわけです。

いずれにしても、子どもをよく観察すれば、どこでどんな対応をするのがいちばんいいのか、おのずと見えてくるでしょう。自分の子どもの「今」に適した接し方を考えられるのは親だけです。いろいろトライしてみてください。

「話を聴いているよ」を伝える4つのスキル

親子にかぎらず、楽しい会話が続くときというのは「双方向」のコミュニケーションがとれているときです。お互いが相手に「あなたの話を聴いていますよ」というサインを送っているからこそ、気持ちよく会話が進んでいくのです。そのサインには、①**アイコンタクト**、②**相づち**、③**うなずき**、④**リフレイン（おうむ返し）**があります。楽しく会話が続いているときは、きっと話を聴く側がこれらのどれかを使って「相手に気持ちよく話をさせている」状況をつくっているはずです。

①「**アイコンタクト**」

文字通り目を合わせることです。コミュニケーションの基本中の基本ですが、親はなにかと忙しく、家事やほかのことをしながら子どもの話を「ながら聞き」していることもあるのではないでしょうか。できれば家事の手はいったん止めて、子どもの話を聴く姿勢を見せてあげてください。話しているとき、時計を見たりするのはＮＧです。子どもは「親は私の話を聴きたくないんだ」と思ってしまいます。

②「相づち」

相づちには、「はあ」「ふーん」「へえ」「ほう」などのハ行の言葉や「なるほどね」「そうなんだ」などがありますが、どれも言い方次第では、子どもが気持ちよくも不快にもなるので注意しましょう。人をバカにしたような「ふーん」ではなく、愛情をこめて「ふーん、そうなんだね」と言えば、子どもは自分の話した内容を「理解してもらった実感」をもてます。

③「うなずき」

首を縦に振るだけですが、相手に「あなたの話、聴いてるよ」というメッセージを伝えてくれます。子どもは親がうなずいてくれるだけで、「親は私の話をわかってくれているんだ」と安心できます。

④「リフレイン（おうむ返し）」

子どもが言ったことをそのまま同じように繰り返すことです。たとえば子どもが「今日は放課後にサッカーをやったんだよ」と言ったときに、「へえ～」と聞き流すような相づちだけでは、子どもから次の言葉が出てこない可能性も。そうではなく、「サッカーをやったんだ！」とそのまま繰り返せば、子どもから投げられた言葉のボールをやさしく投げ返すことになり、子どもはそのボールを受け止め、さらに次のボールを親へ投げようとします。「うん、ケンタくんがすごいシュートを決めたんだよ」など、楽しい会話がその後に続くことでしょう。

プラスのイメージを使って、考える力を育てよう

コミュニケーションは「人の話を聴いて」「自分の考えを伝える」を双方間で繰り返しながらすすめていくものです。親子の会話でも、親が子どもの話をしっかり聴く態勢ができたら、次は「自分が伝えたいことが、きちんと子どもに伝わっているか」も意識してみましょう。

ふだん、親が子どもになにかを伝えるとき、指示や命令の言葉ばかりを使っている傾向はありませんか？　指示や命令は強制力をもって伝える効率的な手段ですから、必要な場合もあります。しかし、子どもはそればかりだと「やらされている感」「うんざりした気持ち」が強くなり、やる気が出なくなってしまいます。子どもの年齢や性格、そのときの気分によって、具体的な親の言葉かけはちがってきますが、気をつけたいのは「子どもに伝わりやすいメッセージ」を送るとい

うこと。それには、子どもが自ら考える余裕をもてる言葉を選ぶのがコツです。なぜなら、自分で考えたことであれば、やってみようという気持ちも起きやすくなるからです。

たとえば「もっと勉強してほしい」というメッセージを伝えたい場合、「勉強しなさい」とストレートに言うのと、「どうやったら勉強できると思う？」と問いかけるのと、どちらが子どもに考えさせる言葉となるでしょうか？　おそらく「勉強しなさい」と言われれば、子どもは「うるさいなぁ」と反発したり、やる気がダウンしたりすることもあるでしょう。一方、「どうやったら勉強できると思う？」と聞かれれば、積極的ではなくても「うーん、朝10分早く起きたら漢字の練習くらいはできそうかな」など、具体的に考えることができるのではないでしょうか。**人は問いかけられることによって、その方法を探し出すもの**。子どもを指示・命令で動かすより、考える力を育ててあげる。そんな親の子育てへの姿勢が、子どもの将来を大きく変える可能性もあるのです。

子どもの考える力を伸ばす際に注意すべきことは、「これができないと困ったことになるよ」というマイナスイメージではなく、**「これができればうれしいね」といったプラスのイメージ**をもてるような言葉を選ぶこと。忘れ物をよくする子どもには、「忘れ物をしたら、学校で困るのはあなたなのよ」と言うより、「早く用意しちゃえば、安心できるしラクだよね」と言ってあげましょう。明るい未来を想定させ、子どもに前向きに考えさせるようにすることが行動力につながります。

子どもは豊かな想像力をもっています。そんな子どもの世界観は、親の言葉かけによっても広がっていきますから、親は子どもに困っている自分を想像させるような言葉ではなく、**輝いている自分を想像させるようなメッセージ**を伝えられるよう、意識するといいですね。

「存在承認＝あなたの味方だよ」というメッセージ

家族のコミュニケーションは、会社の業務連絡のように用件を手短かに伝えるだけでいいというものではありません。家族の会話とは温かみ、ぬくもりのある会話のはず。親は会話をとおして子どもが安心できる環境をつくってあげましょう。

時にはイライラからくる感情的な言葉や、指示や命令言葉を使うことがあったとしても、心の底ではいつも「あなたを愛している」「世界中が敵になっても、私はあなたの味方よ」と思う気持ちを日々の会話のなかで伝えていきたいものです。そうすることで親子の信頼関係も深まることでしょう。

もちろんそのまま「あなたを愛してる」とは、なかなか言いにくいもの。そこで日常的に子どもに対する「愛」を示す方法として、まず「子どもの存在を承認する」ことからはじめるのがオススメです。「おはよう」「お休み」といったあいさつはもちろん、「お風呂に入ったんだね」「今日は赤いTシャツだね」などといった状況を言葉にすることも立派な存在承認です。見えたことをそのまま言葉にして伝えることは、「あなたのことをちゃんと見ているよ」、つまり「あなたの味方だよ」と伝えていることになるのです。このような会話は、なにかを生み出すわけではないし、必ず言うべきことでもないかもしれません。しかし、「家族の会話」においては、「あなたを見ているよ」というメッセージは、とても意味があるのです。子どもが小さいときは言いやすくても、思春期になってくると「今日は赤いシャツだね」などと言っても「うるさいな」と返されるかもしれません。それでもひるまずに言ってほしいものです。口ではなんと言おうと、きっと本気で腹を立てている子どもはいないはずですよ。

一般論より「私はこう思う」が伝わりやすい

また、子どもに伝えるときの手法として、「私は○○と思う」というように、私（I）を主語にして話す、「Iメッセージ」にして伝えることも大切なポイントです。「そんなの社会の常識でしょ！」というような一般論にしたり、「そんなこと言ったら○○さんが怒るよ！」というような第三者を引き合いに出したりする言葉では説得力に欠けますし、目の前の「今」を生きている子どもには伝わりづらいのです。それよりも、親自身の思いを伝えてあげましょう。世界一大好きな親の意見や気持ちは、子どもにとっては親が思う以上にインパクトの強い事柄なのです。

たとえば「残さないで食べるのが当たり前でしょ」と言うより、「食べてくれると、うれしいな」「私はあなたの健康が気になるんだよね」と言ってみましょう。子どもに親の気持ちが伝わり、「親がうれしいなら食べようかな」とトライする気持ちが湧いてくるはずです。

また、親にとっても「Iメッセージ」にはメリットがあります。自分を主語にした言葉に置き換えることで、自分のイライラの原因を見つけることができ、イライラを取り除く方法を考え出すこともできるようになるはずです。

Special Talk

巻末特別企画
親たちの本音
座談会

実際に子育て中の親御さんは、どんなイライラ言葉を使っているのでしょうか。私が主宰する、子育てコーチングスクールに参加する、6人のお母さんに話を聞きました。

参加した方

Aさん（大学1年生、中学1年生）
Bさん（小学5年生）
Cさん（小学4年生）
Dさん（5歳、2歳）
Eさん（20歳）
Fさん（大学3年生）

＊カッコ内は現在のお子さんの学年、年齢

イライラ言葉の定番
「早くしなさい！」

江藤：ふだん、みなさんが子どもに向けてつい言ってしまうイライラ言葉って、どんなものがありますか？

Bさん：「早くしなさい！」は多いですね。5年生の息子が、塾の宿題をなかなか終わらせないので、一日に何回も言っちゃいます。私は息子が来年、受験生だから、どうしても勉強のことでイライラすることが多いかな。

Dさん：私も「早くしなさい！」は一日何度言っているかわからないくらい。でもウチの子どもはまだ小さいから勉強のことではなくて「朝ごはん早く食べて！」「靴下、早くはいて！」みたいなことで。動作のひとつひとつをいちいち言わないとできないのでイライラしちゃいますよ。でも最近は学習してきたのか、靴下の「く」と言っただけで、靴下をはこうとするようになったから進歩！（笑）

江藤：親のイライラ言葉が、子どもが行動をはじめる動機づけになってしまっているのかもしれませんね。

Dさん：そうですね。ただ、「早くしなさい！」って本来は別にネガティブな言葉ではないと思うんです。それが親の怒りの感情が入った言い方になると、子どもにはイライラ言葉として伝わるのでは？

江藤：なるほど、伝え方のイントネーションによって、イライラ言葉ではないようにも言えるってことですね。

感情的になって脅しても約束は守れない

Aさん：上の子が中学受験のとき、自分から「受験する」って決めたのに「もうやめたい」なんて言うから、私も頭にきて「自分がやるって言ったんでしょ！」に続けて、「なら、やめてしまえ！」って言ってしまったことがあります。もちろん本心ではなくて、感情的になって言ったのだけど、これってほとんど「脅し」ですよね。まったく効果がないどころか、息子に「じゃあ、やめる」って言われてしまって……。

Bさん：えっ、それで受験やめちゃったの？

Aさん：いや、結局、塾を数日休んで、少し落ち着くまで待って再開したんですけど。その間、私も一切口を出さないで、すべて子どもに任せようと思いながらも、内心は「受験だけでもしてほしいな」とヒヤヒヤした思いでいました。反省しましたね。

Eさん：私は子どもが小学生くらいのとき、原因は忘れちゃったけど、なにかで怒っていて、感情に任せて「絶対に許さない！」って言っていた気がする。

Bさん：約束守らなかったときに「約束したでしょ！」って強い口調で言うときがあるんですが、私もこれは「許さない！」と同じ意味で使っていると思いますね。息子とは、基本的に塾帰りの電車の中でしかゲームをしないという約束なんですが、電車を降りても「これがクリアできれば次のステージなんだから、あとちょっとやらせて」ってやろうとして。気持ちはわかるんですが、約束だから「守らないなら次はないわよ」ってピシャリ！　もちろん息子は不満タラタラ。矛盾しますが、私も「そのくらいやらせてあげてもいいかな」という気持ちもあるので、難しいですね。

イライラ言葉で親が悪者になる必要はない

Fさん：私は息子にイライラ言葉を使ったことはないかな……。

一同：えー！　スゴイ!!

Fさん：たとえば子どもが忘れ物しても、本人が「困った経験」だと思えば直るから、私がイライラ言葉で叱って悪者になる必要はない、なんて思っちゃうんですよね。子どもが外で失敗して帰ってきて「こんなことになった」って言えば「そうだったんだ。つらかったね」とか「あれ、あなたらしくないね」って言いますね。「なんでそんなことしたの！」などと叱って子どもを責めてしまうと、言われたほうは防衛本能が働いて、言い訳しかしない。反省しないんですよ。だから自分がイヤな体験をして、「自分がしっかりするしかない」と感じさせるほうがいいのかなと思うんです。

江藤：親が子どもを責める言葉を使わないで、子どもは前向きになる。これが自然にできるFさんはスゴイですよ。ふつうは頭では「そうしたい」と思っていても、なかなかそこまではできないですからね。

Eさん：そうです。どうしても子どもにはイライラ言葉を言ってしまいそうになるから、せいぜい感情的になってすぐに言わないようにとか、少し考えて事態をみてからとか、落ち着いて話すようにするのが精いっぱいですね。

Bさん：私は我慢できないときは、ガーッて言いたいこと全部言ってしまって、スッキリするってパターンです。すっかり吐き出すと気持ちは収まるけど、自己嫌悪になって「言いすぎた」と思うことも多々あります。

Cさん：私も我慢できずに言うほうですね。それで子どもが泣いたら許す、みたいなところがあって、そんな自分がイヤになってしまう……。

Eさん：私は子どもに言いすぎたなと思ったら、枕元に「今日はごめんね」って手紙を入れたこともありましたね。

江藤：それは私もやりましたよ。手紙には「お母さんは、本当はこんなことが言いたかったんだ」って、下手なイラストも描いて。でも、それができるのも親子だからなんですよね。

Bさん：私は、イライラ言葉を子どもにたくさん言ってしまったら、すぐに謝るのはどうしてもできませんね。しばらくして落ち着いてから、「さっきは○○だから、あんなこと言ったんだよ」って言うことはあります。それで息子も納得してくれたこともありました。

イライラ言葉で、子どもの人格否定は絶対にダメ！

江藤：イライラ言葉をつい言ってしまうのはしょうがないとして、「それでもこれはダメ」という取り返しのつかない言葉ってありますか？

Fさん：どうしても怒りたいときは、子どもの人格否定ではないことにフォーカスすると決めています。人格否定は絶対にダメ！　というのも、私自身、子どもの頃、よく親から「あなたはいつもこうなのよね」と自分を否定されたような言い方をされていて、それが今でもとてもつらかったこととして心に残っているからなんです。

Cさん：以前、子どもがなにか反抗してきたときに「そういうものなんだから！」と、有無を言わさず私の言い分をとおしてしまったことがあって、そのとき、子どもが言いたいことを飲みこんでいるのがよくわかったんです。親の言葉の力で子どもをねじ伏せるのはいけないなと反省し、それからは言わないようにしていますね。

Aさん：取り返しがつかないということではないけど、私は今まで子どもになにかをさせなくてはいけないときに、それがあまり気乗りしないことだと「〇〇しなきゃ」と言っていたのですけど、最近「〇〇しよう」という言い方に切りかえたんですね。それだけで私は気持ちがいいし、子どもも前向きな気持ちに少し変わってきたように見えますね。

江藤：たしかに言葉の選び方ひとつで、言うほうも言われるほうも気持ちが変わるということはありますね。どうせ言うのなら、感情に任せたイライラ言葉で自分も子どもも暗い気持ちになるよりも、子どもが前を向いて自信をもてるような言葉を選んで、気持ちのいいコミュニケーションができるといいですね。

あとがきにかえて

本書が刊行されたのは２０１５年９月、今から６年少々前のことです。主流となった「ほめる子育て」の陰に、「イライラして怒ってしまう自分はダメな親だ」という新たな子育ての悩みが増え始めたころであり、この「親の自己否定」への対処の一助となればと、本書籍を執筆させていただくことになりました。

子育てには難しさがつきものです。子どもの幸せを願うからこそ、こうなってほしいという理想の姿が生まれ、現実とのギャップにイライラ言葉が出てきてしまいます。「イライラ言葉を言わないようにする」には限界があるため、「言うのを我慢」改め「伝えたいメッセージを届けよう！」と、発想の転換を提案したのが本書籍です。

書籍ができあがるまでのプロセスは大掛かりなものでした。大勢の母親にヒアリングを行い、ありったけのイライラ言葉を集めることから始め、刊行までに相当な時間を要したことを思い出します。書籍執筆のプロセス自体が、イライラ言葉との戦いでもあり、私にとっては大変思い出深い書籍となりました。今回復刊のお話を頂き、再び皆様にお届け出来るようになったことを、とても幸せに感じます。

あれから6年、社会は一変し、子どもを取り巻く環境も大きく変わりました。AIの進展に伴い、個人のペースを重んじる個別最適化された学びが実現するとともに、思考力・判断力・表現力が重視されるようになりました。教育と実社会が近づき、ダイナミックな教育改革が行われています。子ども達の進路も多様化しました。

また、世界中を震撼《しんかん》させているCOVID19により、人と人とがリアルに会う機会は激減、授業もままならない状況にも陥りましたが、翻《ひるがえ》って子どもたちのオンライン、オンデマンド学習は大きく広がりました。本当に全てが置き換わってしまったかのようです。

今や、子育ての価値観さえも置き換える時期がきたようです。親の思う「正しい」は、今からの時代には当てはまりません。親の考える「人生の成功」は、もはや化石化した生き方かもしれません。子どもが生きていく未来社会は私達大人には経験したことのない世界であり、正解のない世界です。そのような世界を生きていく子どもに、親の価値観を押し付ける行為自体が、むしろ子どもの足を引っ張る行為になっているかもしれないということを、親は理解していかなければなりません。

では、これらの大規模な社会的変化を受けて、「親子の関係性」も変化したのでしょうか。不思議なほど、ここには変化がないと私は感じます。どれだけAＩの進展が加速しても、人と会う機会が減少しても、親子の関係性は今までも今も、そしてこの先も、唯一リアルにつながることが保障された関係性です。子どもは親のぬくもりの中で、しっかりと守られ愛され育っていきます。互いに自分をさらけ出し、本音で思いや願いを伝え合えるのが、親子の関係性です。社会とのリアルなつながりが希薄になった分、親子の関係性はより強固になったと言えるかもしれません。

人と人とが一緒に過ごせば、感情的になることも、もちろんあります。愛があるからこそ、口出しをしたくなってしまいます。「本当はもっと優しい親でいたいのですが、すぐに子どものことを怒ってしまうんです……」。このような声は、いまだ一番多く聞こえてくる悩みであり、子育てにあるイライラは、普遍的な悩みといっても過言ではありません。時代が大きく変わっても、イライラ言葉はなくならない様子です。
とはいえ、イライラの要因は変化していると感じます。「思うようにならない子どもにイライラしてしまう」に加え、「社会の変化に対する不安、見通しがたたない未来に対する不安から、イライラしてしまう」という、新たなイライラ要因の出現です。子どもの行為に対する不満に、自分自身の不安からくるイライラが上乗せされ、親の悩みはさらに複雑になっているようです。もちろん「不安になるのをやめよう」などできるはずもなく、やはり「言い換えの技術」は役立ちそうです。

イライラ言葉を言い換えて、まずは自分の気分を変えていきましょう。使う言葉を変えれば、気持ちが変わり、気持ちが変われば行動が変わります。急速な社会の変化を前向きに捉えるためにも、イライラ言葉をポジティブ言葉に変換していただければと思います。変化を余儀なくされる日常には、ストレスがつきものです。「ストレスがあって当たり前!」と、ストレスを引き受け新しい時代に向かっていくためにも、ポジティブ言葉を使ってみてください。思考が整理され、自分ならできると勇気が湧いてくることでしょう。自分のイライラを取り除き、自分がご機嫌でいることができれば、きっと子どもにもポジティブな影響を与えることができるはずです。

複雑化された子育ての悩みへの対処はシンプルにいきましょう。イライラ言葉をポジティブ言葉に言い換える、たったこれだけのことで、きっと新しい時代の到来がより一層楽しみになるはずです。

イライラ言葉→ポジティブ言葉　変換チェックシート

ポジティブ言葉で言えるようになった箇所に、チェックをつけましょう！

トップ20

- [ ] あなたが悪いんでしょ！　→　どうしたらいいかな？
- [ ] つべこべ言わない！　→　あなたはそう思うのね
- [ ] うるさい！　→　ちょっと聞いてくれる？
- [ ] だれのためにやっていると思っているの!?　→　私になにしてほしい？
- [ ] まったくもう！　→　気をつけてね
- [ ] 何度言ったらわかるの！　→　３回言ったよ。次はできるかな？
- [ ] もうサイアク！　→　困っちゃったね
- [ ] いい加減にしなさい！　→　そろそろお部屋の片づけをしてほしいな
- [ ] もうガッカリだわ……　→　さて、どうしようか？
- [ ] 恥ずかしい！　→　次はきっと大丈夫だよ
- [ ] みんなできてるでしょ！　→　○○ちゃんは○○しているみたいだね
- [ ] 信じられない！　→　びっくりしちゃった！
- [ ] もう知らない！　→　私、怒っているよ
- [ ] 早くしなさい！　→　時計の針が「6」になったら出かけるよ
- [ ] 遅い！　→　○時までに○○できるかな？
- [ ] 反省しなさい！　→　静かに考えてみようか
- [ ] あなたにはムリ！　→　まず○○からやってみようね
- [ ] 許さないからね！　→　私は反対よ。それはね……
- [ ] あきれちゃう！　→　もう一度やってみる？
- [ ] やる気はあるの!?　→　今、やる気は何％出ている？

性格編

- [ ] そこがあなたの悪いところなのよ！　→　いっしょに○○してみようか？
- [ ] 小さい頃からずっとそうだよね　→　それ、あなたの個性だよね
- [ ] どうしてそんなに暗いの……　→　静かにじっくり考えているんだね
- [ ] だらしないわね　→　やりたいことがたくさんあるんだね。まず○○からはじめてみようか

- [ ] ほんと乱暴だよね…… → 力強いところ、どうやって役立てていこうか
- [ ] さっさと決めてよ！ → あと何分で決める？
- [ ] ほんとかわいくないんだから！ → しっかりしているよね！
- [ ] ほら、最後まで聞いてない！ → 私が言ったこと、3つにまとめてくれる？
- [ ] 言いたいことがあるなら、ちゃんと言いなさい！ → じゃあ、話したいことひとつだけ教えて？
- [ ] どうして黙っているの！ → 私がわかるように伝えてくれる？
- [ ] ダラダラしてるんじゃない！ → 慎重に取り組んでいるね。何時までに終われば大丈夫？
- [ ] 最後までちゃんとやりなさい！ → 今、何%すすんでいる？
- [ ] ぼーっとしてる場合じゃないでしょう！ → 今日はあと、なにをすればいいんだっけ？

しつけ編

- [ ] どうして先にやっておかなかったの!? → 次はどこに気をつけていこうか？
- [ ] また忘れ物したの!? → 学校ではどうしていたの？
- [ ] なんでウソつくの！ → それは本当のことかな？
- [ ] なんでまっすぐ帰ってこないの!? → 帰り道、なにがあったのかな？
- [ ] いつまでテレビ見ているの!? → テレビ時間はあと何分にする？
- [ ] 夕べ遅くまで起きてるからよ！ → 睡眠時間はどのくらい必要かな？
- [ ] 夜ふかししたら朝、起きられないでしょ！ → 朝ごはん、いっしょに食べようね
- [ ] 人の話を全然聞かないんだから！ → 今から大事なことを言うからね
- [ ] そんなことしたら危ないでしょ！ → 気をつけてやりなさいね
- [ ] ケンカばかりして！ → （ケンカした話を聞いてから）なるほどね
- [ ] どうして「ごめんなさい」が言えないの！ → 悪いと思ったら「ごめんなさい」って言おうね。後でもいいよ
- [ ] はっきり言いなさい！ → もう少し大きい声で話してくれる？
- [ ] まだ○○してないの!? → こっちは終わったんだね。次は○○だね
- [ ] 遊びながら食べない！ → おいしいね
- [ ] 好き嫌いばかりして！ → 嫌いな○○が食べられるようになったね！

- [ ] また散らかして！　→　お片づけいっしょにやろうか
- [ ] そんなに騒ぐなら、もう連れてこないわよ！　→　騒いでいると周りの人に迷惑だよね
- [ ] ○○さんに怒られるでしょ！　→　周りの人はどんな気持ちになるかな？
- [ ] 走っちゃダメでしょ！　→　ここは走るところではないよね。なんでだと思う？
- [ ] （おもらしをして）なにやってるのよ！　→　間に合わなかったね
- [ ] もう自分でできるでしょ！　→　私はどこを手伝おうか？
- [ ] お兄ちゃん（お姉ちゃん）だからできるでしょ！　→　いつもありがとう！
- [ ] ちゃんとしなさい！　→　今やることを書きだしてみようか

能力編

- [ ] バカじゃないの！　→　気持ち切りかえようか！
- [ ] だからダメなのよ！　→　忘れちゃったかな？
- [ ] まだ宿題やってないの!?　→　あと何分で宿題をはじめる？
- [ ] こんなこともわからないの!?　→　難しいのやっているよね、がんばってね
- [ ] なんで3日しか続けられないの！　→　第一ステージ、クリアしたねー！
- [ ] どうしてこれしかできないの！　→　ここまでできたね。じゃあ残りをがんばろう！
- [ ] なんでこんな問題ができないの！　→　どこが難しかったかな？
- [ ] 問題をよく読みなさい！　→　問題にはなんて書いてあるのかな？
- [ ] もっとがんばりなさい！　→　がんばっているね
- [ ] ○○ちゃんは上手にできるのに！　→　こんなところが成長したよね
- [ ] 早くできるようになってよ！　→　どうしたらできるようになるかな？
- [ ] 練習しないからできないのよ！　→　できるようになるには、どのくらいの練習が必要かな？
- [ ] ○○を習うのは自分で決めたんでしょ！　→　どうして○○を習いたいと思った？

本書は、2015年刊行『ママのイライラ言葉言い換え辞典』を改題・再編集したものです。

Profile

江藤真規（えとう まき）

株式会社サイタコーディネーション代表。サイタコーチングスクール主宰。クロワール幼児教室主宰。アカデミックコーチング学会理事。公益財団法人民際センター評議員。東京大学大学院教育学研究科博士課程修了。
２人の娘の子育て経験を通じ、親子のコミュニケーションの大切さを実感し、コーチングの認定資格を取得。講演、執筆、支援活動のほか、「サイタコーチングスクール」を設立して、家庭におけるコーチングコミュニケーションの普及活動を行っている。著書に『母親が知らないとツライ「女の子」の育て方』（秀和システム）、『女の子の学力を大きく伸ばす育て方』（すばる舎）、『勉強ができる子の育て方』（ディスカヴァー・トゥエンティワン）、『「勉強が好き！」の育て方』（実務教育出版）など多数。

装丁・本文イラスト　高村あゆみ

編集協力　船木麻里

ＤＴＰ　菊谷悦子（ヴァニーユ）

デザイン　市川晶子（扶桑社）

子どもを育てる
魔法の言い換え辞典

発行日　2021年11月20日　初版第1刷発行

著　者　江藤真規
発行者　久保田榮一
発行所　株式会社　扶桑社
〒105-8070
東京都港区芝浦1-1-1
浜松町ビルディング
tel. 03-6368-8870（編集）
tel. 03-6368-8891（郵便室）
http://www.fusosha.co.jp/

印刷・製本　中央精版印刷株式会社

ISBN 978-4-594-08997-9